EERSTE EDITIE - Gepubliceerd in 2022

Extra grafisch materiaal van: www.freepik.com
Dank aan: Alekksall, Starline, Pch.vector, Rawpixel.com, Vectorpocket, Dgim-studio, Upklyak, Macrovector, Stockgiu, Pikisuperstar & Freepik.com Designers

Ontdek gratis online spelletjes

Hier verkrijgbaar:

BestActivityBooks.com/FREEGAMES

5 TIPS OM TE BEGINNEN!

1) HOE OP TE LOSSEN

De Puzzels zijn in een Klassiek Formaat:

- Woorden worden verborgen zonder pauzes (geen spaties, streepjes, ...)
- Oriëntatie: Voorwaarts & Achterwaarts, Boven & Beneden of in Diagonaal (kan in beide richtingen)
- Woorden kunnen elkaar overlappen of kruisen

2) ACTIEF LEREN

Naast elk woord is een spatie voorzien om de vertaling te noteren. Om actief te leren vindt u een **WOORDENBOEK** aan het einde van deze editie om uw kennis te controleren en uit te breiden. U kunt elke vertaling opzoeken en opschrijven, de woorden in de puzzel vinden en ze vervolgens aan uw woordenschat toevoegen!

3) TAG JE WOORDEN

Hebt u al geprobeerd een labelsysteem te gebruiken? U zou bijvoorbeeld de woorden die moeilijk te vinden waren kunnen markeren met een kruis, de woorden die u leuk vond met een ster, nieuwe woorden met een driehoek, zeldzame woorden met een ruit enzovoort...

4) ORGANISEER UW LEREN

Wij bieden ook een handig **NOTITIEBOEKJE** aan het eind van deze uitgave. Of u nu op vakantie, op reis of thuis bent, u kunt uw nieuwe kennis gemakkelijk ordenen zonder dat u een tweede notitieboek nodig hebt!

5) AFGESLOTEN?

Ga naar de bonussectie: **FINAAL UITDAGING** om een gratis spel te vinden dat aan het einde van deze editie wordt aangeboden!

Wil je meer leuke en leerzame activiteiten? Het is Snel en Eenvoudig!
Een hele collectie spelboeken slechts **één klik verwijderd!**

Vind uw volgende uitdaging bij:

BestActivityBooks.com/MijnVolgendeBoek

Klaar... Start!

Wist u dat er zo'n 7000 verschillende talen in de wereld zijn? Woorden zijn kostbaar.

We houden van talen en hebben hard gewerkt om de boeken van de hoogste kwaliteit voor u te maken. Onze ingrediënten?

Een selectie van onmisbare leerthema's, drie grote plakken plezier, dan voegen we er een lepel moeilijke woorden en een snuifje zeldzame woorden aan toe. We serveren ze met zorg en een maximum aan verrukking, zodat je de beste woordspelletjes kunt oplossen en veel plezier beleeft aan het leren!

Uw feedback is essentieel. U kunt een actieve bijdrage leveren aan het succes van dit boek door een recensie achter te laten. Vertel ons wat u het meest beviel in deze editie!

Hier is een korte link die u naar uw bestelpagina brengt:

BestBooksActivity.com/Recensies50

Bedankt voor uw hulp en veel plezier met het spel!

Linguas Classics

1 - Metingen

```
C A L T I T U D O P D R K L
M E P R L I T E R R E M I A
Z T N O T O W I G O C T L T
Q Y M T N V W N T F I L O I
K B V L I D U C I U M O M T
K I R T E M U H V N A N E U
T S L A G A E S K D L G T D
P U L O J R A T I U E I E O
J D R B G G G P E M S T R X
M A S S A R L O I R Q U R K
O R M U I R A T X E S D D S
O G A I O R F M G Y D O N F
S B K J Q U N C I A M L W H
R U K C N L M I N U T I S M
```

LATITUDO
BYTE
CENTIMETER
DECIMALES
PROFUNDUM
PONDUS
GRADUS
GRAM
ALTITUDO
INCH

KILOGRAM
KILOMETER
LONGITUDO
LITER
MASSA
METRI
MINUTIS
UNCIAM
SEXTARIUM
TON

2 - Boten

```
K W W M K N A U T A F H D K
F E J A A O J G J O H L E W
M L B R Y Z Y S S B O I B L
E N U E A E L U P Y P D M O
N N A M K K I L O Y C T V G
U E G V E U N K R O H C N A
F C Q I I N T S T G E S S K
A M Y H N S E Q T S V I M L
X E M E G E R G I L A C U S
S U S T I N E O T A M I N L
C A N T A V I T O M C T A P
F L U C T U S A R X A U E H
Y K E R A T I S L J Q A C I
A E S T U S Y A C H T N O T
```

ANCHOR	ENGINE
CANTAVIT	NAUTICIS
SUSTINEO	OCEANUM
GREGEM	FLUMEN
FLUCTUS	AESTUS
YACHT	FUNEM
KAYAK	PORTTITOR
LINTER	RATIS
NAUTA	MARE
LACUS	NAVIS

3 - Gezondheid en Welzijn #2

```
V  S  M  I  N  F  E  C  T  I  O  Q  I  H
E  U  U  H  Y  G  I  E  N  E  Z  G  B  O
S  P  N  S  B  W  P  M  O  R  B  I  F  S
T  R  I  C  P  T  M  O  D  E  J  F  V  P
I  O  M  A  M  E  E  W  N  N  O  I  G  I
B  C  A  L  E  I  N  O  B  D  N  B  E  T
U  M  T  O  N  D  O  D  A  N  U  C  N  A
L  G  I  R  I  H  I  U  I  V  Q  S  E  L
U  U  V  I  U  Y  T  T  M  S  V  D  T  I
M  Q  R  E  G  M  I  I  O  H  S  O  I  S
I  C  E  N  N  E  R  T  T  Z  T  E  C  B
B  Y  U  Z  A  D  T  R  A  J  Y  Q  S  O
N  Q  L  Y  S  Q  U  O  N  S  A  N  U  S
E  C  N  I  T  A  N  F  A  A  I  A  G  U
```

URNA	HYGIENE
ANATOMIA	INFECTIO
SANGUINEM	FORTITUDO
CALORIE	CORPUS
DIET	SUSPENDISSE
VESTIBULUM	VITAMINUM
GENETICS	NUTRITIONEM
PONDUS	HOSPITALIS
SANUS	MORBI

4 - Tijd

```
C  R  C  E  A  N  A  M  I  T  P  E  S  R
A  A  A  Y  S  I  G  S  E  I  D  B  L  E
N  H  L  S  P  M  U  I  N  N  E  C  E  D
N  O  E  Y  C  T  N  T  A  F  S  I  C  J
O  D  N  U  Z  R  Q  U  M  U  E  E  E  H
T  I  D  Y  N  O  W  N  D  T  I  T  H  W
Q  E  A  Y  V  H  Y  I  J  U  D  C  O  T
V  Q  R  S  C  Q  E  M  U  R  I  O  R  G
A  H  A  C  N  E  G  R  Z  U  R  N  A  C
U  V  G  A  U  N  N  A  I  M  E  L  C  C
P  Q  U  I  N  R  T  T  S  G  M  M  R  B
L  F  Z  N  S  D  S  C  U  M  O  R  A  R
X  T  M  U  I  G  O  L  O  R  O  H  S  L
Z  C  F  X  S  J  P  T  R  T  Y  G  G  M
```

DIE	MINUTIS
DECENNIUM	CRAS
CENTURY	POST
HERI	NOCTE
ANNO	NUNC
ANNUA	MANE
CALENDAR	FUTURUM
HOROLOGIUM	HORA
MENSE	HODIE
MERIDIES	SEPTIMANA

5 - Meditatie

```
M I S E R I C O R D I A F G
F E L I C I T A S S F D A R
C O G I T A T I O N E S T A
O B S E R V A T I O N E N T
U O P E R A M R U I D S A I
R Z S R J Q U Y L T O I T A
C R L I L M A Q A P Q L U B
U L V M Y V G I M E T E R S
W M A R U T A T S C D N A P
U E C R M O T U S C S T F I
G C I Z I U Y I T A B I D R
S A S S U T C E F F A U H A
E P U D C D A O A N H M P N
B T M D K L D S I T N E M S
```

OPERAM
ACCEPTIO
SPIRANS
MOTUS
GRATIA
AFFECTUS
COGITATIONES
FELICITAS
CLARITAS

STATURAM
MISERICORDIA
MENTIS
MUSICA
NATURA
OBSERVATIONE
SILENTIUM
PACEM

6 - Muziek

```
T V O C K R O T N A C N C Y
A Q E U L D S V E J A U L W
P K L S U R O H C H N M A S
I Q W G T F L H R M T E S Y
H I N R N I A Y N G A R S T
R A R E P O B X R Z T O I G
E C R Z F Q A U Y I E S C M
C I X M U B L A L F C A A U
O T N N O X U Q S U Y A L S
R E A U L N G B I U M O L I
D O E M U C I S U M M R U C
I P N E F H L A X E D I I U
N W I R C O N C O R D I A S
G R A O V O C A L I S E U E
```

ALBUM
NAENIA
CONCORDIA
HARMONIA
VESTIBULUM
CLASSICAL
CHORUS
LYRICAL
CANTATE
LIGULA

MUSICUM
MUSICUS
OPERA
RECORDING
POETICA
NUMERO
NUMEROSA
VOCALIS
CANTOR

7 - Vogels

```
C O R V U S X T I C Y I R H
L N M J P Y W O C O W G J E
Z A U U E R X U D L L U G R
N I V O L C P C T U I D Z O
K N O Y I L K A P M M H V N
A O J O C A U N S B S W A N
U C G G A S P P I A Q H O Q
T I C N N P O I T M L U U N
C C A I M F I C T E P A V O
O Z N M P E C R A R C B G O
N L A A V I P S C E P P N K
T G T L R B T B U S T I S C
H D I F E Z F E S N T P S U
R E S S A P D F R A R N V C
```

COLUMBAM   PASSER
ANATIS   CICONIA
OVUM   PSITTACUS
FLAMINGO   PAVO
ANSEREM   PELICAN
ACCIPITER   HERON
PULLUM   TOUCAN
CUCKOO   NOCTUA
CORVUS   SWAN
GULL

8 - Universum

```
A G C T R C O X E W B Y I T
P A O A S T R O L O G U S A
P L S Y O R W I A D L S T E
A A M X T V B R S U O O E R
R X I I X M A E T T N L L I
E I C N C U T A R I G A E S
T A A N U L E H O T I R S H
H Y M E B E N P N A T I C O
O R B I T A E S O L U S O R
O L I E V C B I M L D K P I
S X F O U Q R M I Y I J I Z
Z O D I A C A E A T N F U O
I Y N Y G H E H E N I I M N
A S T E R O I D E M S X C F
```

ASTEROIDEM
ASTRONOMIA
ASTROLOGUS
AERIS
ORBITA
LATITUDO
ZODIAC
TENEBRAE
HEMISPHAERIO

CAELUM
HORIZON
COSMICAM
LONGITUDINIS
LUNA
GALAXIA
TELESCOPIUM
APPARET
SOLARIS

9 - Wiskunde

```
Q  R  R  E  T  E  M  I  R  E  P  P  D  E
U  E  A  T  T  X  P  I  G  C  O  R  E  Z
A  J  I  N  Y  Q  E  K  N  N  L  A  C  H
D  A  R  E  A  H  P  S  M  X  Y  E  I  K
R  Y  T  N  B  L  Q  R  Z  P  G  D  M  V
A  J  E  O  I  T  C  A  R  F  O  I  A  H
T  N  M  P  Z  S  K  D  R  G  N  T  L  P
U  L  O  X  J  A  G  I  E  F  U  I  E  S
M  P  E  E  J  X  D  U  L  I  M  S  S  U
A  N  G  U  L  I  G  S  U  D  A  R  G  M
P  A  R  A  L  L  E  L  A  W  I  F  J  M
T  R  I  A  N  G  U  L  U  M  D  K  P  A
E  G  C  R  E  C  T  A  N  G  U  L  U  M
A  E  Q  U  A  T  I  O  I  S  I  V  I  D
```

SPHAERA	PERIMETER
DECIMALES	PARALLELA
DIAM	RECTANGULUM
DIVISIO	SUMMA
TRIANGULUM	RADIUS
EXPONENT	PRAEDITIS
FRACTIO	POLYGONUM
GEOMETRIA	AEQUATIO
GRADUS	QUADRATUM
ANGULI	

10 - Gezondheid en Welzijn #1

```
N E R V I S H F M M M B O P
L Z Y N O V A Z O E E A I W
F F G C U L B L C I D C N E
E A O D U T I T L A I T I H
R D M L I Y T E D R C E U O
K E U E N A U G W W I R R R
C S W K S C S E P F N I I M
U U R O I T A R U C A A A O
P C T F S I L U C S U M M N
G I O I X V D G M V U L B E
R D A J S A R U T C A R F S
R E B Q X P J U S T O K I N
M M C O N S E Q U A T F F V
R E F L E X U M A T Q U I P
```

ACTIVA
ATQUI
BACTERIA
CURATIO
FRACTURA
MEDICUS
HABITUS
FAMES
ALTITUDO
HORMONES

CUTIS
EGET
INIURIAM
MEDICINA
CONSEQUAT
REFLEXUM
MUSCULI
JUSTO
VIRUS
NERVIS

11 - Camping

```
V  S  K  A  I  L  A  M  I  N  A  L  A  Z
E  V  N  P  G  E  F  M  E  F  N  U  L  G
N  L  O  U  N  R  O  C  V  T  W  N  V  I
A  B  I  A  I  B  U  C  Q  M  N  A  R  J
T  K  J  N  S  O  L  U  S  A  G  O  N  A
I  U  Q  P  T  C  A  M  E  R  A  M  M  C
O  B  T  L  H  E  R  K  C  O  M  M  A  H
N  Z  Z  X  F  V  R  P  A  L  D  X  R  U
E  S  E  R  O  B  R  A  S  F  A  T  O  W
R  I  L  O  K  V  Z  M  U  U  R  C  O  D
Y  L  T  G  G  H  R  Y  S  N  U  E  U  O
N  V  R  W  Z  A  M  X  L  E  T  S  I  S
R  A  Y  J  C  T  U  Q  Q  M  A  N  W  P
D  E  C  I  M  A  H  U  X  S  N  I  D  J
```

CASUS	VENATIONE
MONTEM	MAP
ARBORES	LINTER
SILVA	DECIMA
IGNIS	CORNU
CAMERAM	LUNA
ANIMALIA	LACUS
HAMMOCK	NATURA
HAT	FUNEM
INSECT	

12 - Algebra

```
V H A E Q U A T I O B I I S
S A T I T N A U Q O E A N U
E E R O I T C A R F S A F B
N G G I M E H O B Q U L I T
X I R T A M X Z L L B I N R
S F N S R B U P T T I Q I A
O A U E G M I B O R R U T C
L C L A A U H L X N A A A T
U T L U I S Y E I Y E M B I
T O A Q D L U Z J S N N A O
I R I E M A F M L H I L T N
O C M T A F X D M E L N D C
F A F O R M U L A A T V Q O
P A R E N T H E S I S Q U Q
```

SUBTRACTION
DIAGRAM
EXPONENT
FACTOR
FORMULA
FRACTIO
PARENTHESIS
QUANTITAS
LINEARIBUS
MATRIX

NULLA
INFINITA
SOLUTIO
QUAESTIO
SUMMA
FALSUM
VARIABILIS
ALIQUAM
AEQUATIO

13 - Activiteiten

```
O  K  J  V  M  I  T  O  M  T  W  U  P  Q
H  T  O  E  O  I  T  C  A  V  T  T  M  A
O  T  I  G  O  L  H  Z  G  E  L  L  P  R
A  U  W  U  R  C  U  W  I  S  U  P  I  T
A  R  T  E  M  E  B  P  A  D  D  X  C  E
G  N  I  T  T  I  N  K  T  U  O  S  T  S
G  N  I  N  E  D  R  A  G  A  S  B  U  M
A  U  E  I  G  N  J  N  U  R  T  Q  R  K
K  F  U  L  H  A  R  T  S  A  C  E  A  N
M  F  C  V  O  C  V  H  G  O  I  N  M  B
Y  G  J  K  F  S  I  D  O  M  M  O  C  T
V  E  N  A  T  I  O  N  E  I  J  L  N  H
G  A  V  D  H  P  L  Q  L  E  C  T  I  O
F  H  I  M  I  M  V  S  U  T  U  R  A  V
```

ACTIO	LECTIO
ARTES	MAGIA
COMMODIS	SUTURA
KNITTING	VOLUPTATEM
LUDOS	PICTURA
PISCANDI	GARDENING
VENATIONE	ARTE
CASTRA	OTIUM
ES	

14 - Vormen

```
S  R  A  Z  P  A  E  Q  I  V  D  Y  J  G
S  E  P  A  Y  N  L  N  S  U  N  Q  P  C
Y  C  R  A  R  G  L  I  O  R  A  S  G  O
T  T  D  R  A  U  I  T  M  J  E  R  N  N
D  A  F  E  M  L  P  P  R  I  S  M  A  I
G  N  N  A  I  O  S  A  O  M  F  D  Z  G
L  G  O  H  D  S  I  S  V  G  H  S  I  D
I  U  X  P  I  U  P  U  E  Z  A  D  G
N  L  Y  S  S  B  H  L  K  X  X  V  S  K
E  U  H  C  M  U  Y  G  U  P  A  R  T  E
A  M  N  A  I  C  G  I  P  C  L  U  Z  N
C  Y  L  I  N  D  R  O  C  I  R  C  U  M
P  O  L  Y  G  O  N  U  M  H  Z  I  K  I
Q  T  R  I  A  N  G  U  L  U  M  B  C  H
```

SPHAERA	CUBUS
ARC	LINEA
CYLINDRO	ELLIPSI
CIRCULUS	PYRAMIDIS
CURVA	PRISMA
TRIANGULUM	ORAS
ANGULO	RECTANGULUM
PARTE	CIRCUM
CONI	POLYGONUM

15 - Diplomatie

```
V F T E J E I Q G Y G R O V
D E Z N O I T U L O S N J J
S U T A G E L H S Q N E T E
I T G I S Z H C I T W M W A
E Z Z R A O R F G C I A J C
L E G A T I O N E M O T S I
G H C T I T T C J U V R I T
T M R I N A C I E I U E U A
O I J N U R U V V R D C G M
X B Y A M E A E M E I B N O
G R I M M P J S X P X V I L
G G L U O O E T Q M B D L P
F A A H C O L B Y I B T X I
L S R N A C I T I L O P P D
```

AUCTOR
LEGATIONEM
LEGATUS
CIVES
CERTAMEN
DIPLOMATICAE
ETHICORUM
COMMUNITAS

IUSTITIA
HUMANITARIAN
SOLUTIO
POLITICA
IMPERIUM
COOPERATIO
LINGUIS

16 - Astronomie

```
A T S N N O R O E T E M A U
L S A A R R E T R E Q K S N
L A T U T J W R U Y I M T Y
E X E E N E Z F C A E U R A
T S M J R I L B A K E I O I
S V O H P O V L V J E T N C
A L C E A M I E E T G C A O
N E B U L A H D R S H O U S
R A D I A L I S E S X N T M
S I D U S Y Y N S M I I R O
O B S E R V A T O R I U M S
A S T R O L O G U S K Q Q E
P L A N E T A N U L R E Z K
T E L E S C O P I U M A H T
```

TERRA	OBSERVATORIUM
ASTEROIDEM	PLANETA
ASTRONAUT	ERUCA
ASTROLOGUS	SATELLES
AEQUINOCTIUM	STELLA
COMETA	SIDUS
COSMOS	RADIALIS
LUNA	TELESCOPIUM
METEORON	UNIVERSI
NEBULA	

17 - Emoties

```
R U T I A I R S G F V T S P
G E G R R T Q U Z S J R Y A
R S M U I D E A T G H A M C
A T P I A S O R E N O N P E
T M I E S U T E M M N Q A M
U J T B H S C I U U F U T G
M S L D V N U R T R F I H E
Z A E T G J K M O I T L I S
I T W G A U D I U M A L A L
J I S O O A F E X B A I N T
J S N G I R T O N D U T N L
U B H X R V L V Z F O A S R
K M A I D R O C I R E S I M
N E X C I T A T U R L Q E G
```

METUS   SYMPATHIA
ONEROSA   SATIS
GRATUM   MIRUM
TRISTITIA   TAEDIUM
TRANQUILLITAS   PACEM
AMOR   GAUDIUM
REMISSUM   MISERICORDIAM
EXCITATUR   IRA

18 - Vakantie #2

```
A  L  U  S  N  I  M  P  H  C  A  E  B  T
L  L  R  I  D  L  A  E  S  O  M  V  N  A
L  E  I  K  H  V  R  R  I  M  E  R  N  B
U  T  X  E  N  G  E  E  N  I  T  V  A  E
N  O  A  L  N  X  M  G  G  T  A  N  K  R
P  H  T  Y  W  A  A  R  R  A  S  I  V  N
R  O  T  I  U  M  P  I  A  T  F  A  L  A
E  N  Z  Z  P  B  E  N  P  U  E  E  O  C
X  L  M  P  F  F  P  U  H  H  R  I  R  U
P  U  I  O  Q  D  S  S  U  H  I  W  C  L
O  Y  A  T  N  I  V  M  S  O  A  E  L  U
N  Z  V  A  R  T  S  A  C  H  S  O  P  M
C  C  H  J  U  R  E  T  I  H  W  P  Z  P
R  N  U  P  H  C  W  S  C  W  E  F  E  O
```

MONTES	AMET
PEREGRINUS	BEACH
ALIENA	TAXI
INSULA	TABERNACULUM
HOTEL	COMITATU
MAP	FERIAS
CASTRA	NULLA
ELIT	VISA
SINGRAPHUS	OTIUM
ITER	MARE

19 - Weersomstandigheden

```
T C T E T M U L E A C V F P
N D P E T P A W R F M E U R
Q W O E M E M U Q R G N L O
D K L R D P S G R U Z T G C
Q A A U U L E I Y I Q U U E
P E R L Z U U S A C S S R L
J R Z F Q E P G T P W T P L
V I L E A C T T F A L R B A
X S T O N I T R U A S O P E
D I L U V I U M T Z P P D T
N U B E S T O R T O R I V C
A K M I J E T A T I C C I S
H T U R B O G I L A C A Z F
H U M I D U M Y V N G L B W
```

AERIS	DILUVIUM
FULGUR	POLAR
TONITRUA	MAURIS
SICCITATE	TEMPESTAS
CAELUM	TORTOR
ICE	TURBO
CAELI	TROPICAL
CALIGO	HUMIDUM
ETESIA	VENTUS
PROCELLAE	NUBES

20 - Eten #2

```
R  S  T  R  A  P  I  X  U  M  L  Y  S  P
J  U  Y  Y  K  N  I  R  I  C  E  O  M  E
G  G  B  Y  J  I  O  N  V  S  G  G  E  R
M  A  H  U  P  Y  W  W  E  C  Z  U  T  S
J  R  O  V  S  N  L  I  N  A  S  R  N  I
P  A  P  F  U  I  L  L  H  X  P  T  E  C
A  P  Y  R  E  K  D  O  V  U  M  P  G  U
N  S  E  C  S  I  P  A  X  R  O  Z  L  M
E  A  Q  O  A  N  P  A  E  L  P  P  A  E
M  N  Z  E  C  K  B  I  S  U  Q  U  U  P
H  A  M  I  P  H  G  U  O  T  S  V  T  G
E  G  G  P  L  A  N  T  J  S  H  A  V  T
V  I  G  I  L  A  N  T  E  M  X  Q  V  B
P  U  L  L  U  M  T  R  I  T  I  C  U  M
```

VIGILANTEM	HAM
PINEAPPLE	CASEUS
APPLE	PULLUM
ASPARAGUS	KIWI
EGGPLANT	PERSICUM
ALGENTEM	RICE
PANEM	TRITICUM
UVA	PISCES
OVUM	YOGURT
RUBUS IDAEUS	

21 - Geologie

```
H T X L A S H B R N M G A N
T G J U A E T A L P H E E P
Q D Z C P V Z S V X V Y T E
S U T O M E A R R E T S I C
C R Y S T A L S X A S E T A
C A C C U M S A N S P R C L
N O S P E C U S E X E S A C
Y O N A C L O V L N V S L I
A W Z T R A U Q I F O T A U
K U L M I S Q X S U U T T M
H Q U V I N R V S S D I S S
M A U R I S E N O I Z B H H
A C I D U M N N F L A R O C
I X J V V O R P S E X U M G
```

TERRAEMOTUS   QUARTZ
CALCIUM   ACCUMSAN
CONTINENS   LAVA
EXESA   PLATEAU
FOSSILE   STALACTITE
GEYSER   STONE
FUSILE   VOLCANO
SPECUS   MAURIS
CORAL   SAL
CRYSTALS   ACIDUM

22 - Specerijen

```
A C I D U M F H Z S M C M P
W X M A Y M G N C E P A U A
M V E F K Z N F U N B O I P
P I E A I T I R I U Q I L R
P J E C O C Y E B T P H L I
M U M O M A U X O M R H A K
E V C R N L F R G E T V F A
R A S I C L U D R G S P S P
O N U A B I Q W X Y Y A Z U
P E C N Z N R A F P Y N L R
A T O D Y A R A M A I C F U
S H R R Z V A F J Y Y P I S
G U C I L U C I N E A F E O
L M G I N G I B E R M H K R
```

ANETHUM	PAPRIKA
AMARA	PIPER
PURUS	CROCUS
LIQUIRITIAE	SAPOREM
GINGIBER	CEPA
AMOMUM	VANILLA
CURRY	FAENICULI
ALLIUM	DULCIS
CORIANDRI	SAL
NUTMEG	ACIDUM

23 - Groenten

```
F E C U C U R B I T A G R P
A U G I D M E T N E G L A E
P B N G Q Z D X V O C O D T
I R A G P Y B G T V U L I R
U A R T O L L A H S C I C O
M S E A G R A R K U U V U S
T S B D P Y U N S T M A L E
A I I A A A H M T C I E A L
L C G U U B C E P A S R R I
L A N C E Z A S S C R G V N
I I I U F R N P I S U M W U
U U G S X S I I H D B I J M
M V G U Q H P E D B N T D V
F U Q R X H S Y H S G B J Q
```

CACTUS
EGGPLANT
BRASSICA
ALGENTEM
PISUM
GINGIBER
ALLIUM
CUCUMIS
OLIVAE
FUNGORUM

PETROSELINUM
CUCURBITA
RAPA
RADICULA
SEM
APIUM
SHALLOT
SPINACH
CEPA
DAUCUS

24 - Archeologie

```
M M I T F S A I U Q I L E R
O J G E F O U N A J V C K M
N V N M V K S C A X I C L X
U J O P M S L S C L J K X V
M O T L U E J U I E Y A R Z
E I U U I N Z I E L S S I W
N T M M R O A D X C E S I J
T A T C E I B O P U U W I S
U M K S T T R L E L O Y I O
M I H C S N Z O R T O S S A
Z T G O Y E K R I U Z D U N
D S S Z M V P J T N T K S M
P E Q B E N S X U J S C G H
J A P H H I C L S M F P M D
```

ANALYSIS
CULTU
INVENTIONES
OSSA
PERITUS
AESTIMATIO
FOSSILE
MONUMENTUM

MYSTERIUM
SUCCESSIO
OBIECTA
IGNOTUM
RELIQUIA
DOLOR
TEMPLUM

25 - Dans

```
E  S  S  T  C  G  C  M  D  B  Q  T  N  C
X  F  O  R  L  I  O  S  U  M  L  A  B  U
C  F  C  A  A  N  R  T  W  S  Z  X  G  L
G  I  I  D  S  U  P  A  C  U  I  G  V  T
D  M  U  I  S  M  U  T  U  T  R  C  E  U
G  Y  M  T  I  E  S  U  L  C  C  A  A  R
J  R  A  U  C  R  H  R  T  E  M  V  I  A
D  C  A  M  A  O  U  A  U  F  O  I  M  E
U  U  U  T  L  O  I  M  R  F  T  U  E  S
L  A  U  S  I  V  D  I  A  A  U  R  D  P
L  A  E  T  A  A  W  R  G  L  S  A  A  H
R  E  C  E  N  S  E  N  D  U  M  S  C  Z
C  H  O  R  E  O  G  R  A  P  H  Y  A  Y
E  X  P  R  E  S  S  I  V  U  M  S  E  F
```

ACADEMIAE
MOTUS
LAETA
CHOREOGRAPHY
CULTURAE
CULTURA
AFFECTUS
EXPRESSIVUM
GRATIA
STATURAM

CLASSICAL
ES
CORPUS
MUSICA
SOCIUM
RECENSENDUM
NUMERO
TRADITUM
VISUAL

26 - Mythologie

```
M  I  F  C  U  R  R  A  C  S  U  L  F  B
A  C  U  U  M  B  Y  G  D  U  B  N  U  E
G  L  G  L  I  O  A  I  O  H  X  O  L  L
I  A  C  T  U  D  U  A  D  T  L  G  G  L
C  D  R  U  M  U  R  T  S  N  O  M  U  A
A  I  E  R  F  T  T  L  U  I  E  R  R  T
L  S  A  A  D  I  I  S  L  R  L  G  Y  O
I  N  T  G  T  T  N  Z  E  Y  A  V  E  R
S  K  U  H  E  R  O  S  Z  B  T  R  C  L
Y  I  R  E  X  O  T  Q  V  A  R  I  A  B
X  H  A  A  U  F  P  C  I  L  O  E  E  K
A  R  C  H  E  T  Y  P  U  M  M  A  L  S
T  R  I  U  M  P  H  A  N  T  E  S  U  Z
M  O  R  I  B  U  S  H  S  O  C  W  M  O
```

ARCHETYPUM   FORTITUDO
FULGUR   BELLATOR
CULTURA   LEGEND
TONITRUA   MAGICALIS
LABYRINTHUS   MONSTRUM
MORIBUS   CLADIS
HEROS   MORTALE
CAELUM   TRIUMPHANTES
ZELUS   CREATURA

27 - Eten #1

```
F  M  P  E  P  N  Z  H  V  J  B  J  S  T
D  S  I  D  R  E  G  L  G  G  A  U  E  L
H  S  R  C  C  O  R  A  G  U  S  D  M  Y
V  L  U  M  F  B  S  S  U  C  U  S  U  Y
I  G  M  N  R  A  E  I  I  M  S  E  E  A
F  P  J  Y  A  N  U  T  H  C  M  S  D  G
C  E  P  A  G  D  C  F  U  A  U  P  R  L
J  S  U  C  U  A  D  A  A  S  B  M  O  A
X  P  E  J  M  T  B  M  P  M  I  P  H  C
T  I  L  E  A  W  W  Z  X  U  C  D  R  H
R  N  O  M  E  L  F  O  R  I  L  G  V  O
I  A  T  V  C  B  P  L  J  L  K  U  B  N
X  C  P  F  U  I  D  V  E  L  P  Y  S  Z
U  H  N  S  U  I  L  I  S  A  B  C  L  N
```

FRAGUM
PERSICUM
BASILIUS
LEMON
HORDEUM
ALLIUM
CAPULUS
LAC
PIRUM
EROS

SEM
SUCUS
ELIT
SPINACH
SUGAR
TUNA
CEPA
CIBUM
DAUCUS
SAL

28 - Avontuur

```
P I P P V T K D T Q I W N S
U R N X E W W R E M A L F T
L M W S L R Z Q N J O A M U
C M U V O N I N A T U R A D
H D G A I L R C D R K I A I
R L A M T M I F U K K X C U
I N U I A P J T U L I H T M
T M D C R B G M A G O K I U
U C I I A G M T Y I S S O R
D F U S P V I R T U T E U I
O O M P E T S A L U T E M M
D R F S A T L U C I F F I D
A T R Q R E T A A O K O D P
X E T S P L N F L X O K Y S
```

ACTIO   INSOLITA
STUDIUM   PULCHRITUDO
PERICULOSUM   SALUTEM
FORTE   MIRUM
VIRTUTE   PRAEPARATIO
DIFFICULTAS   GAUDIUM
NATURA   AMICIS
NOVUM

29 - Circus

```
O O U E S U L S U G A M B T
Q T X Y W T Y P O R Z X V M
F S D A N I R E L G G U J S
C S K K M B J C L E O W G T
A L I Q U A M T T K X E H Y
I A B T H H K A N I F D F N
L B Y I N G Q T S X G N V A
A I M I S A K O W G H E W C
M U L O D Z H R R I U T R R
I M A P M O P P M S F S L O
N A M U S I C A E F R O N B
A G X T X S N O O L L A B A
W I Y S X B S Z H I E U C T
V A T A B E R N A C U L U M
```

SIMIA	LEO
ACROBAT	MAGIA
BALLOONS	MUSICA
ANIMALIA	ELEPHANTIS
MAGUS	POMPAM
JUGGLER	TABERNACULUM
ALIQUAM	TIGER
HABITU	SPECTATOR
OSTENDE	DOLUM

30 - De Media

```
T  I  Z  F  J  X  C  A  C  I  L  B  U  P
H  A  M  C  Y  U  P  H  D  N  V  P  F  E
R  A  B  A  A  F  N  C  V  D  J  B  O  S
O  S  B  U  G  S  S  I  L  U  G  N  I  S
V  B  T  I  L  I  Q  R  W  S  B  F  T  N
H  C  F  M  T  A  N  G  S  T  G  Z  A  E
F  D  V  L  U  U  E  E  D  R  P  A  C  T
O  N  L  I  N  E  S  D  S  I  A  F  I  W
I  E  D  I  T  I  O  N  G  A  I  T  N  O
D  I  G  I  T  A  L  L  O  C  I  V  U  R
A  I  T  N  E  T  N  E  S  G  F  J  M  K
R  S  S  U  M  P  T  U  Q  H  Q  E  M  Q
E  D  U  C  A  T  I  O  N  X  A  Y  O  O
S  E  P  H  E  M  E  R  I  D  E  S  C  H
```

TABULAE	EPHEMERIDES
COMMUNICATIO	LOCI
DIGITAL	SENTENTIA
EDITION	NETWORK
SUMPTU	EDUCATION
IMAGINES	ONLINE
HABITUS	PUBLICA
SINGULIS	RADIO
INDUSTRIA	

31 - Bijen

```
P  N  S  F  X  A  O  L  P  N  K  S  C  M
R  O  D  D  L  O  K  I  R  T  G  U  I  N
E  D  L  H  T  O  O  U  A  L  H  T  B  H
G  T  N  L  C  D  R  S  O  L  C  C  U  D
I  C  P  K  E  K  Y  E  L  I  T  U  M  R
N  Q  V  I  S  N  T  K  S  U  T  R  O  H
A  S  Z  Z  N  A  L  V  E  O  C  F  G  Z
E  S  A  T  I  S  R  E  V  I  D  O  L  Q
X  I  R  A  P  O  L  L  I  N  A  T  O  R
T  L  E  T  S  Q  B  F  B  Q  J  N  A  C
L  A  C  I  A  U  V  Z  U  M  J  Y  Q
H  T  I  B  E  R  O  L  F  M  E  P  L  C
E  N  F  A  T  T  M  E  L  M  U  B  F  L
N  N  W  H  I  P  A  F  Q  T  D  S  Y  Z
```

POLLINATOR	REGINA
ALVEO	FUMUS
FLORES	POLLEN
FLOREBIT	HORTUS
DIVERSITAS	ALIS
FRUCTUS	CIBUM
HABITAT	UTILE
MEL	CERA
INSECT	SOL

32 - Wandelen

```
G S D J U T I N L I Y O P H
T A B E R N U S E E T R A E
W M T Q J I W O O T N I R N
A R P Z T L S V I N E E C A
C N B Y O M O N T E M N I T
J A U Q A U E O A M A T S U
A R E F M A P U R L N A A R
T T A L O S E U A U I T T A
C S E D I P A L P C M I S W
T A O Z J E U R E M A O E X
T C C J S U S S A L L N P J
E A K S S I V A R G I V M A
D U C E S V D A P S A R E S
D W U C C T P S D Y W L T M
```

MONTEM   PARCIS
ANIMALIA   LAPIDES
DUCES   CULMEN
MAP   PRAEPARATIO
CASTRA   AQUA
CAELI   TEMPESTAS
TABERNUS   FERA
LASSUS   SOL
NATURA   GRAVIS
ORIENTATION

33 - Ecologie

```
V V O L U N T A R I I S T C
S I L E A C R W Y K H W R O
P E R S R U L L U M O I T M
E D B E T A T I C C I S N M
C V I T N S A L U T E M Y U
I J B N E T A T E I R A V N
E O D O J O I L M W F R S I
S V W M C P T A T I B A H T
N E D I V E R S I T A S N A
Y U N A T U R A L I S Z A T
Z X L I P L A N T I S F T E
W Q O L R P A L U D E M U S
S O W V A A R O L F V C R J
N T C A J M M R M M O W A T
```

MONTES
DIVERSITAS
SICCITATE
NULLAM
FLORA
COMMUNITATES
HABITAT
CAELI
MARINE

PALUDEM
NATURA
NATURALIS
SALUTEM
PLANTIS
SPECIES
VARIETATE
VIRENTIA
VOLUNTARIIS

34 - Landen #1

```
S  M  X  C  Y  I  L  E  H  A  R  S  I  Z
E  J  A  U  H  M  U  I  G  L  E  B  I  Z
N  V  K  L  A  I  P  F  B  C  P  G  P  K
E  M  B  G  Y  E  L  S  L  Y  Q  X  D  K
G  H  W  G  W  I  A  I  V  T  A  L  V  I
A  C  H  W  E  Y  N  Y  A  W  R  O  N  B
L  A  I  N  O  L  O  P  I  X  I  S  W  O
I  N  I  L  B  C  E  P  N  C  L  S  A  T
A  A  A  L  L  R  V  V  A  M  A  N  A  P
B  D  V  G  A  I  N  A  M  R  E  G  M  Y
S  A  V  Q  C  T  N  O  O  W  T  V  S  G
B  R  A  Z  I  L  I  B  R  Z  A  F  V  E
M  A  U  R  I  T  A  N  I  A  M  W  P  A
Q  S  I  M  V  N  C  A  M  B  O  D  I  A
```

BELGIUM   ITALIA
BRAZIL   LATVIA
CAMBODIA   LIBYA
CANADA   MAURITANIA
CHILIA   NORWAY
GERMANIA   PANAMA
AEGYPTO   POLONIA
IRAQ   ROMANIA
ISRAHEL   SENEGALIA

35 - Installaties

```
C P Y B B T C C M N A E B Y
F A U A S T A R O C R E T S
R I C N Q C G V E S B H C U
O T X T M B J W L I O E F T
N N X I U D M X Q I R D T R
D E I B N S B U S H S E E O
E R D E V M H O K C Q R D H
K I A R O L F O U U U A L G
Q V R O Z X Q B F O L I U M
L Z R L M E B M E F L O S A
X K L F P Q D A B R E H S N
M U S C U S K B J B R M G Z
B O T A N I C A M R U Y U I
Y L N V P T D G T N I I Z E
```

BAMBOO	FRONDE
BERRY	HERBA
FOLIUM	HEDERA
FLOS	STERCORAT
FLOREBIT	MUSCUS
ARBOR	BOTANICAM
BEAN	BUSH
SILVA	HORTUS
CACTUS	VIRENTIA
FLORA	RADIX

36 - Oceaan

```
J  T  I  F  P  O  B  G  P  R  P  C  V  J
T  U  X  G  O  K  B  A  I  G  C  A  W  E
P  R  A  L  L  I  U  Q  S  R  B  N  J  L
G  T  I  Q  Y  S  U  Q  C  N  C  P  L
Z  U  N  J  P  V  A  D  E  J  E  E  I  Y
S  R  I  P  U  C  O  L  S  S  Z  R  J  F
P  U  H  L  S  A  N  G  U  I  L  L  A  I
R  D  P  Z  U  I  D  M  T  V  A  P  E  S
S  E  L  K  T  G  W  Z  S  A  R  Z  R  H
P  I  E  Q  C  N  A  D  E  N  O  F  T  Z
Q  S  D  F  U  O  I  C  A  X  C  N  S  J
M  D  Y  E  L  P  B  A  L  E  N  A  O  C
X  A  C  S  F  S  A  T  S  E  P  M  E  T
S  H  A  R  K  O  I  T  U  N  A  C  F  O
```

ANGUILLA	POLYPUS
NAVI	OSTREA
DELPHINI	REEF
SQUILLA	TURTUR
AESTUS	SPONGIA
FLUCTUS	TEMPESTAS
SHARK	TUNA
CORAL	PISCES
CANCER	BALENA
JELLYFISH	SAL

37 - Landen #2

```
J O M U T D O M D Y S L Y L
L A P E N G A R Z H Y I A R
H U P C S F F N T H R B E U
A G J A Q R D T I N I E T S
U A S U N A B I L A A R H S
C N H A H I M M E W E I I I
R D A I L L A G E I R A O A
A A I L B K E N Y A C N P B
I Y C A T E E V H T Z I I B
N X E M P F R F L D G G A R
A H A O L L K N R P C E Z T
X P R S O A L W I V Y R J O
N L G M E X I C O A L I B U
X D I N D O N E S I A A X Q
```

DANIAE	LIBERIA
AETHIOPIA	ELIT
GALLIA	MEXICO
GRAECIA	NEPAL
HIBERNIA	NIGERIA
INDONESIA	UGANDA
JAPAN	UCRAINA
KENYA	RUSSIA
LAOS	SOMALIA
LIBANUS	SYRIA

38 - Bloemen

```
A T P T H V Q W V N K P A P
G U E W R D S J Q K H L E A
L L T K B I P F P Y G U N S
A I A V I H F X L I U M E S
O P L D A C E O J O L E A I
P A O E I R G G L R S R N O
H E R L S O O C S I B I H N
O Y U P A P A V E R U A W F
T S M U C A X A R A T M E L
I I U H E L I A N T H U S O
S A I L O N G A M M F S M W
Z D L N A R C I S S U S O E
C A I N E D R A G O Z Z D R
F L L I T S N Z V F R V P S
```

PETALORUM
FLOS
GARDENIA
HIBISCO
AENEAN
TRIFOLIUM
CASIA
LILIUM
DAISY
MAGNOLIA

NARCISSUS
ORCHID
TARAXACUM
PAPAVER
PASSIONFLOWER
AGLAOPHOTIS
PLUMERIA
ROSA
TULIPA
HELIANTHUS

39 - Landschappen

```
C  O  M  A  R  D  N  U  T  M  A  R  E  X
A  C  O  L  X  X  L  O  A  B  M  L  C  F
T  E  N  U  T  Y  B  W  L  P  R  F  J  F
A  A  T  S  B  I  E  L  U  A  O  H  V  M
R  N  E  N  Q  E  O  A  S  I  S  I  K  Z
A  U  M  I  P  R  A  O  N  A  C  L  O  V
C  M  Z  N  G  N  T  C  I  U  Q  L  I  D
T  I  C  E  B  E  R  G  H  T  H  Y  G  E
A  Z  V  P  L  M  R  E  I  C  A  L  G  S
M  X  D  X  A  U  P  V  S  U  C  A  L  E
T  N  K  F  Y  L  E  A  P  Y  X  K  G  R
F  C  Q  L  D  F  U  C  D  T  E  E  V  T
U  X  T  B  N  Y  D  S  E  G  Q  G  X  O
C  O  N  V  A  L  L  I  S  Y  X  Y  T  Y
```

MONTEM	OCEANUM
INSULA	FLUMEN
GEYSER	PENINSULA
GLACIER	BEACH
CAVE	TUNDRA
HILL	CONVALLIS
ICEBERG	VOLCANO
LACUS	CATARACTA
PALUS	DESERTO
OASIS	MARE

40 - Tuin

```
Z  C  L  U  A  H  S  O  L  F  H  Z  B  Y
T  I  W  D  A  C  E  V  O  N  O  J  A  X
R  M  Z  R  M  G  P  M  W  R  R  E  N  J
A  V  V  A  O  K  E  U  U  L  T  G  C  P
M  Z  F  H  N  D  M  R  H  T  U  E  O  J
P  V  A  C  P  I  M  T  S  O  S  T  R  D
O  I  R  R  V  X  A  U  U  H  S  Y  Y  Z
L  T  Y  O  S  B  T  R  B  M  U  E  X  H
I  I  F  L  B  K  W  O  H  E  R  B  A  G
N  S  O  O  M  N  G  B  L  M  I  U  Y  A
E  I  H  S  O  V  K  R  A  K  R  T  Q  R
H  A  M  M  O  C  K  A  X  U  M  J  B  A
S  A  R  C  U  L  U  M  U  S  A  X  A  G
N  P  Y  C  D  Z  F  R  C  M  Z  F  W  E
```

BANCO	ZIZANIA
FLOS	SAXA
SOLO	RUTRUM
ARBOR	HOSE
ORCHARD	BUSH
GARAGE	XYSTUM
HERBA	TRAMPOLINE
HAMMOCK	HORTUS
SARCULUM	EGET
SEPEM	VITIS

41 - Beroepen #2

```
P U B L I S H E R I I R M L
W E N G I N E E R L N C A I
E I X Q T J U S W L Q V G N
S R S M R A B U X U U I I G
F W T I L G I H H S I G S U
V C K W D I B P V T S U T I
V R M S H K Q O O R I B E S
B I O L O G I S T R T E R T
M U I T E R P O S A O R R V
M E D I C U S L I T R N Y R
R N W V I I H I T O E A Z W
Q U Y Z U O P H N R M T E A
A S D M P U D P E Q J O X E
I N V E N T O R D I H R V Q
```

MEDICUS
BIOLOGIST
PHILOSOPHUS
PRETIUM
ILLUSTRRATOR
ENGINEER
WISI
MAGISTER

LINGUIST
INQUISITOREM
GUBERNATOR
PICTOR
DENTIST
PUBLISHER
INVENTOR

42 - Dagen en Maanden

```
M Y R A U R B E F C M D L A
R A O D B K C P H A O O C L
Q D R R B D P X U L I M H I
K N C T S I C D S E D I D Q
X O R I I T R A M N J N F U
M M I S R S K R B D U I M A
A Y G M E S N E M A L C A M
W N S V N P B O S R Y A F B
D X N G E Y T J A N U A R Y
T B S O V T R E B M E V O N
S A T U R D A Y M J U N E I
W E D N E S D A Y B A P T P
J O V I S B S E Q D E G U F
I J J B A U G U S T N R V J
```

AUGUST   MONDAY
MARTIS   MARTII
JOVIS   NOVEMBER
FEBRUARY   ALIQUAM
ANNO   SEPTEMBER
JANUARY   VENERIS
JULY   WEDNESDAY
JUNE   SATURDAY
CALENDAR   DOMINICA
MENSE

43 - Beeldende Kunsten

```
P  G  L  O  S  S  A  R  I  U  M  Z  X  U
R  C  R  E  I  L  E  F  F  I  G  I  E  S
O  E  C  B  U  L  U  N  W  N  X  D  F  B
S  R  F  C  D  T  M  T  L  P  E  S  I  G
P  A  F  H  N  P  U  V  U  S  W  E  T  C
E  G  R  A  P  H  I  U  M  M  Q  N  R  O
C  C  D  P  G  O  T  D  X  X  V  O  A  M
T  C  A  X  O  V  O  V  Z  E  J  B  N  P
U  A  R  U  T  C  E  T  I  H  C  R  A  O
M  I  U  E  S  T  E  N  C  I  L  A  U  S
I  C  T  K  T  R  A  A  E  L  H  C  D  I
T  Q  C  V  F  A  X  D  E  P  N  J  S  T
S  U  I  R  A  M  L  A  P  M  O  C  L  I
N  P  P  H  O  T  O  G  R  A  P  H  E  O
```

ARCHITECTURA	PALMARIUS
ARTIFEX	PEN
GLOSSARIUM	PROSPECTUM
OTIUM	EFFIGIES
DUIS	GRAPHIUM
PHOTOGRAPH	COMPOSITIO
CARBONES	PICTURA
LUTUM	STENCIL
CRETA	CERA

44 - Mode

```
N D O R I G I N A L R R F B
X I O E X E M P L A R I A O
T S I L A M I N I M E H B U
H E Y O O W G K O O V J R T
P A D S I R F L E C T E I I
Q R R Q H R E S T Y L E C Q
R U A S U R A C E A S Z A U
O S M C X U A T V G Q A E E
K N O F T P R O I N S M O O
C E D M K I V F N M L E S W
T M E B A B C L A V Y T F Z
H I R W M R K A H Y W L A U
P S N A G E L E J K N A O V
J C B M O D E S T U S N W P
```

MENSURAE
MODESTUS
AMET
POLYMITARIO
DOLORE
CARUS
ELEGANS
MINIMALIST
MODERN

ORIGINAL
EXEMPLAR
PRACTICA
STYLE
FABRICAE
PROIN
FLECTE
BOUTIQUE

45 - Tuinieren

```
W  E  U  P  O  Y  F  E  Y  T  O  B  S  N
V  S  I  M  U  I  L  O  F  O  S  Z  T  W
S  O  L  O  O  J  O  Z  P  W  X  A  E  C
U  H  E  S  A  R  R  W  C  C  E  X  R  O
B  U  D  T  D  S  E  Z  A  A  X  J  C  N
I  X  N  X  G  B  B  R  J  S  E  Q  U  T
L  I  O  C  S  S  I  L  U  D  E  L  S  I
A  E  R  I  I  M  T  P  P  X  V  Y  I  N
R  U  F  L  O  S  E  X  O  T  I  C  L  E
O  O  Q  S  P  E  C  I  E  S  Z  L  G  N
L  L  Q  A  C  I  N  A  T  O  B  V  F  S
F  H  I  O  L  U  T  O  S  E  M  I  N  A
A  D  I  P  I  S  C  I  N  G  H  T  O  T
O  R  C  H  A  R  D  N  B  V  W  F  P  Y
```

FOLIUM	EXOTIC
FLORALIBUS	FRONDE
FLOREBIT	CAELI
SOLO	ADIPISCING
FLOS	HOSE
ORCHARD	SPECIES
BOTANICA	UMOR
STERCUS	LUTO
CONTINENS	AQUA
EDULIS	SEMINA

46 - Menselijk Lichaam

```
S  C  Y  H  W  M  E  N  T  U  M  C  C  H
U  T  A  Y  P  J  T  A  R  S  O  O  E  U
B  S  O  P  D  F  D  U  C  O  R  L  R  M
I  S  V  M  U  N  E  G  C  G  B  L  E  E
R  G  A  L  A  T  M  N  Q  G  P  U  B  R
A  J  T  Y  U  C  P  I  G  L  I  M  R  U
N  G  X  N  L  Q  H  L  C  R  U  S  U  M
A  U  F  O  B  B  Z  U  C  K  W  R  M  U
L  M  C  R  H  J  S  H  M  Y  T  J  L  N
L  M  A  E  D  S  A  N  G  U  I  N  E  M
I  J  Z  N  A  E  G  L  V  C  U  T  I  S
X  W  N  R  U  B  J  L  B  R  P  N  V  W
A  U  R  I  S  U  T  I  B  U  C  G  K  G
M  J  A  D  I  G  I  T  U  S  K  M  J  R
```

CRUS	MENTUM
SANGUINEM	GENU
CUBITUS	STOMACHUM
TARSO	ORE
MANU	COLLUM
COR	NARIBUS
CEREBRUM	AURIS
CAPUT	HUMERUM
CUTIS	LINGUA
MAXILLA	DIGITUS

47 - Energie

```
T R A N V U V E N T U S E P
B W M J X C L M I I D G N O
W C I J R P T T O A W K T L
T U R B I N E R R T B T R L
W G A S O L I N E I O L O U
I N D U S T R I A E C R P T
E N V I R O N M E N T E Y I
X I Q Z R V E S C A U J S O
K O J N Z Q A N G U P E N B
Z A I E L U S P B F A R C R
E L E C T R O N O T O H P A
N U C L E A R X N R O L A C
P E L L E N T E S Q U E Z F
C O N S E C T E T U E R N G
```

PUGNA	MOTOR
GASOLINE	NUCLEAR
ESCA	ENVIRONMENT
PELLENTESQUE	VAPOR
ULTRICES	TURBINE
ELECTRON	POLLUTIO
ENTROPY	CALOR
PHOTON	CONSECTETUER
INDUSTRIA	VENTUS
CARBO	

48 - Familie

```
B  Z  I  P  J  Q  L  G  A  U  U  G  N  L
S  Q  N  A  S  O  P  E  N  V  C  O  B  K
Z  U  R  T  M  U  A  M  E  L  U  G  V  Y
V  A  E  R  I  V  U  I  C  E  S  S  Y  B
N  R  T  U  Y  F  M  N  L  A  T  D  P  E
P  E  A  U  V  J  I  I  L  I  F  F  C  N
U  T  P  S  M  A  T  E  R  Q  F  V  X  T
E  R  O  T  S  E  C  N  A  P  A  T  E  R
R  E  F  L  I  A  V  I  A  X  S  W  Y  C
O  T  R  H  M  S  P  U  E  R  I  T  I  A
R  A  A  O  X  K  Z  H  R  O  N  H  X  S
O  M  T  F  Q  D  N  Z  A  X  H  H  D  L
S  M  E  T  O  P  E  N  S  Z  Q  Z  C  H
V  X  R  A  B  U  X  O  R  Y  V  V  B  Y
```

FRATER	NEPTIS
FILIA	PATRUUS
AVIA	AVUS
PUERITIA	MATERTERA
PUER	GEMINI
FILII	PATER
NEPOTEM	PATERNI
VIR	ANCESTOR
MATER	UXOR
NEPOS	SOROR

49 - Gebouwen

```
T A B E R N A C U L U M S T
O U B S Y T I S R E V I N U
P B C A S T R U M W W C H R
F H S E M F A C T O R Y C R
V O N E S E S C H O L A C I
J Y R M R O N L D N B T A S
S T G U Z V U O U L O N M N
T F K R M C A P I B X R E L
A S Y T U N A T S T M T R V
D X I A E Q L E O H A D A S
I I M E S T E G A R A G M N
U O S H U N U L L A I C E V
M B K T M U E R R O H U A L
H O T E L F A R M K V Z M I
```

LEGATIONEM
DUIS
FARM
CAMERAM
FACTORY
GARAGE
HOTEL
CASTRUM
NULLA
MUSEUM

OBSERVATORIUM
SCHOLA
HORREUM
STADIUM
FORUM
TABERNACULUM
THEATRUM
TURRIS
UNIVERSITY

50 - Kunst

```
C P T E L L U S A I R Q J P
O E A R U T C I P N G N W P
M R E R W X I D O S U R E G
P T T T D M N X H P R A L C
O R E I C V A O H I V R A T
S A E M S I L A E R R U S J
I H D X C M O O D A A G W M
T E F P P A T F M T M I N Y
I H O O U R R S W I E F V M
O I L A H B E M I I T O V H
V I S U A L A S I G T Y I I
C O M P L E X U S N N M Q F
S U B I E C T U M I A U R S
Q D I L A N I G I R O O M D
```

COMPLEXU

AMET

FIGURA

INSPIRATI

MOOD

TELLUS

SUBIECTUM

ORIGINAL

ALIO

CARMINA

PERTRAHE

COMPOSITIO

PICTURAE

SURREALISM

SIGNUM

EXPRESSIO

VISUAL

51 - Beroepen #1

```
E  C  A  R  T  O  G  R  A  P  H  E  R  D
D  H  I  H  W  Z  C  V  C  J  F  I  N  T
I  G  T  B  M  U  I  E  R  E  M  I  B  A
T  E  S  U  I  R  A  N  I  R  E  T  E  V
O  O  U  S  U  I  R  A  B  M  U  L  P  Y
R  L  C  N  S  R  O  T  A  T  L  A  S  H
H  O  I  R  S  U  G  O  L  O  R  T  S  A
M  G  D  I  S  L  D  R  X  L  E  W  U  X
A  I  E  B  T  U  M  L  E  X  L  R  T  M
N  S  M  U  A  L  C  P  A  I  E  P  A  D
C  T  N  A  D  H  P  I  X  R  W  I  G  V
P  H  A  R  M  A  C  I  S  T  E  S  E  G
S  C  I  E  N  T  I  S  T  U  J  J  L  B
A  T  H  L  E  T  A  P  C  N  M  D  S  G
```

LEGATUS	EDITOR
PHARMACIST	GEOLOGIST
ASTROLOGUS	VENATOR
ATHLETA	JEWELER
REMI	PLUMBARIUS
CARTOGRAPHER	MUSICUS
SALTATOR	THE
VETERINARIUS	NUTRIX
MEDICUS	SCIENTIST

52 - Antarctica

```
S  S  E  R  O  C  K  Y  J  S  H  G  C  A
M  P  C  E  T  E  X  B  C  K  A  E  C  R
T  N  E  M  N  O  R  I  V  N  E  O  S  I
A  Z  A  C  I  C  E  P  X  L  T  G  H  T
V  L  I  O  I  T  A  R  G  I  M  R  T  O
E  K  H  W  V  E  K  U  U  M  Y  A  B  R
S  N  P  A  L  U  S  N  I  N  E  P  U  T
T  P  A  U  Q  A  T  J  I  C  W  H  S  O
M  E  R  O  T  I  S  I  U  Q  N  I  Y  R
N  Q  G  I  N  S  U  L  A  E  L  A  P  P
U  Q  O  M  I  N  E  R  A  L  I  B  U  S
B  L  P  S  C  I  E  N  T  I  F  I  C  C
E  K  O  E  X  P  E  D  I  T  I  O  N  E
S  N  T  C  O  N  T  I  N  E  N  S  N  X
```

BAY	ROCKY
CONTINENS	PENINSULA
INSULAE	SPECIES
EXPEDITIONE	TORTOR
GEOGRAPHIA	TOPOGRAPHIA
ICE	AVES
MIGRATIO	CETE
MINERALIBUS	AQUA
ENVIRONMENT	SCIENTIFIC
INQUISITOREM	NUBES

53 - Ballet

```
C M V O W O M U S I C A G C
O U U N R S M S R V F B E H
M V P S V C G U A S K M S O
P I K R C V H H Y E J S T R
O S A G K U E E K R B E U E
S S A R T E L G S O D R Q O
I E I G S P Y I S T W O F G
T R Q H R W T H O I R T A R
O P P F B K S O L D W A D A
R X P A W H A D O U H T B P
D E C O R U M R K A C L L H
M E N O I S N E T N I A P Y
L E C T I O N E S I K S G F
Z V O L N U M E R O S O K X
```

ARTIS
CHOREOGRAPHY
COMPOSITOR
SALTATORES
EXPRESSIVUM
GESTU
INTENSIONEM
LECTIONES
MUSICA
ORCHESTRA

USU
AUDITORES
NUMERO
DECORUM
SOLO
MUSCULI
STYLE
ARS
ARTE

54 - Vissen

```
O  M  U  R  O  P  M  E  T  Z  R  X  E  C
B  C  M  W  Q  G  A  L  L  I  X  A  M  O
R  A  E  A  D  J  W  T  D  E  C  M  U  Q
A  P  B  A  H  A  M  O  I  U  G  Y  L  U
N  P  E  K  N  M  U  Y  V  E  K  M  I  E
C  A  A  F  G  U  J  O  A  L  N  I  F  S
H  R  C  T  C  R  M  F  N  G  K  T  W  P
I  A  H  C  C  T  D  M  L  S  C  Y  I  M
A  T  L  Q  Z  S  B  J  H  U  S  S  K  A
S  U  A  N  C  I  X  C  C  D  M  G  N  U
B  C  C  D  L  N  J  E  U  N  F  E  M  Y
M  P  U  L  H  A  C  S  P  O  D  G  N  P
W  N  S  C  B  H  C  W  P  A  Q  U  A
A  U  G  E  N  D  O  A  T  U  V  Z  F  G
```

ESCA	COQUES
APPARATU	CANISTRUM
NAVI	LACUS
FILUM	OCEANUM
PATIENTIA	AUGENDO
PONDUS	FLUMEN
HAMO	TEMPORUM
MAXILLA	BEACH
BRANCHIAS	AQUA

55 - Fruit

```
A P P L E N Q J I G A A V E
D M T B Z H E C U C U M I S
K O A P P B S C M A N G O G
Z C L L F J U G T P R U N O
Y S S O O R S O D A C O V A
X F D Q R G A S P Y R R E B
P I R U M L R S B D O I E A
P A P A Y A E A A G H O N Q
L E M O N F C V N O R W Q E
P E R S I C U M X A K I W I
P I N E A P P L E V T U C B
R U B U S I D A E U S U E T
R H O N C U S U C I F Z M W
M B R J X M D U I N X Z D R
```

PINEAPPLE
APPLE
AVOCADO
BERRY
LEMON
UVA
RUBUS IDAEUS
MALOGRANATUM
CERASUS
KIWI

DOLOR
MANGO
CUCUMIS
NECTARINE
RHONCUS
PAPAYA
PIRUM
PERSICUM
PRUNO
FICUS

56 - Engineering

```
M  L  V  S  E  N  O  I  S  N  E  M  I  D
O  E  I  Y  T  Y  F  J  I  S  A  A  O  A
T  N  R  Q  T  R  O  T  O  M  M  R  P  O
U  O  B  S  U  L  U  G  N  A  L  G  F  O
S  I  S  F  Y  I  W  C  S  C  N  A  M  Q
F  T  I  G  L  J  D  Q  T  D  K  I  T  C
Z  C  X  A  J  T  T  G  K  U  A  D  W  V
M  U  L  U  B  I  T  S  E  V  R  G  A  J
P  R  O  F  U  N  D  U  M  C  Q  A  S  B
D  T  Z  Q  B  F  O  R  T  I  T  U  D  O
I  S  A  L  I  Q  U  A  M  U  B  U  O  C
A  N  P  E  L  L  E  N  T  E  S  Q  U  E
M  O  C  A  L  C  U  L  U  S  I  X  A  H
W  C  R  K  W  A  P  P  A  R  A  T  U  S
```

AXIS
CALCULUS
MOTUS
CONSTRUCTIONE
DIAGRAM
DIAM
PROFUNDUM
PELLENTESQUE
DIMENSIONES

VESTIBULUM
ANGULUS
FORTITUDO
APPARATUS
ALIQUAM
MOTOR
STRUCTURA
LIQUID

57 - Literatuur

```
C O N C O R D A R E N R O V
A R G U M E N T U M F O Q W
A D I A L O G U S N G T V X
I J O I S U L C N O C C N E
T O T O T H M C E C W U O X
N R H Z Y G U Q M T X A I H
E E A J L W C E U P A L T S
T M F G E A Z X P G C H P I
N U A F O D U T I L I M I S
E N B I N E M R A C T U R Y
S G E C W M D Y W I E Q C L
U C L T B V X I R H O Q S A
W H L A T I V K A I P Z E N
B J A R O H P A T E M F D A
```

SIMILITUDO
ANALYSIS
FABELLA
AUCTOR
VITA
CONCLUSIO
DIALOGUS
FICTA
CARMEN
SENTENTIA

METAPHORA
DESCRIPTION
POETICA
CONCORDARE
NUMERO
NOVE
STYLE
ARGUMENTUM
TRAGOEDIA

58 - Boeken

```
L V M O L X C I W Y J J X D
H I U O G S M O R D V S X U
I D T I F B P Q N X S Z T A
S O P T F F T A G T L V E L
T M I C E F Z H G C E E N I
O S R E V R T M L E A X I T
R U C L O O A D Q Q H O T A
I J S L N T T R Q S U W R T
C U U O E C R S U S A C E E
A H B C M U A E I M Q V P M
C E I X R A G I L E C T O R
W Y R W A L I R F A B U L A
W E O F C L C E D O Z G X E
Y H M L Y B I S R C A E A R
```

AUCTOR
CASUS
PAGE
COLLECTIO
CONTEXT
DUALITATEM
CARMEN
SCRIPTUM
HISTORICA

HUJUSMODI
MORIBUS
LECTOR
LITTERARUM
PERTINET
NOVE
SERIES
TRAGICI
FABULA

59 - Meer Informatie

```
G C O N S C R I P S E R I T
C A L L U N D I S T A N T N
H D L I M S I N G I B Y Y P
E Y J A M U L U C A R O F L
M S S M X T M C C K R C J A
I T U U O I E X T R E M A N
C O C N T P A Y Q M F L T E
A P I D G E O K Z B W P A T
L I M I Z R U T O P I A R A
S A O H V C D F O T P A C U
F U T U R I S T I C A A A Q
I M A G I N A R I A W K N X
S U S P E N D I S S E D U S
I L L U S I O X S K S A M N
```

ATOMICUS
IGNIS
CHEMICALS
IMAGINARIA
DYSTOPIA
CREPITUS
EXTREMA
SUSPENDISSE
FUTURISTIC
ILLUSIO

ARCANUM
ORACULUM
PLANETA
CONSCRIPSERIT
GALAXIA
NULLA
UTOPIA
DISTANT
MUNDI

60 - Regenwoud

```
V Z N A T U R A Z R B R N R
P R E T I O S U M E V I U E
Y I X H R A V E S F V N L S
B O T A N I C A A U O U L T
I O O R Y E K A T G D B A I
Q U A N T U M M I I O E M T
I S C H P X G P S U M S S U
N U A A P F N H R M U I P T
S B X L E B E I E V S O E I
E A K T U L S B V F C K C O
C Y L A B T I I I A U P I N
T R I A V C E A D I S X E E
A S A T I N U M M O C P S M
T R U N C A T I S S H C K M
```

AMPHIBIA
BOTANICA
DIVERSITAS
COMMUNITAS
INSECTA
TRUNCATIS
CAELI
MUSCUS
NATURA

SALUTEM
QUANTUM
RESTITUTIONEM
SPECIES
REFUGIUM
AVES
PRETIOSUM
NUBES
NULLAM

61 - Haartypes

```
T A C A L V U S I L L O M C
E R R C R U S I V A L F I O
N H X G P I F R R X C T O L
U H B B E D E N I Q U E K O
I N X S I N N I C N I C D R
S I Z U U O T B S A N U S A
U G V P R Z Q U R J S H I T
B R V S G R A Y M O M X T U
L U E I O D S M U J W D R M
A M B R S P Q J C L U N O G
U W A C Q P Y A C N E J T J
D J U T V G F D I H R N B A
Y P N X S S U S S A R C I F
B W H X B N R Y S Q O H X S
```

FLAVIS	GRAY
BROWN	CALVUS
CRASSUS	DENIQUE
SICCUM	CINCINNIS
TENUIS	CRISPUS
COLORATUM	DIU
TORTIS	ALBUS
SANUS	MOLLIS
LENIS	ARGENTUM
CRUS	NIGRUM

62 - Stad

```
T  R  E  M  L  H  A  G  W  H  A  U  N  J
F  O  R  U  M  I  R  M  D  O  T  N  V  C
M  K  O  N  H  E  B  U  S  T  Q  I  S  A
Z  H  T  I  J  W  J  R  X  E  U  V  C  M
R  H  S  R  O  M  Q  T  A  L  I  E  H  E
N  D  K  T  D  R  B  A  T  R  K  R  O  T
Y  F  O  S  A  F  V  E  X  C  Y  S  L  S
F  H  O  I  R  D  E  H  P  Z  Z  I  A  E
M  L  B  P  R  E  I  T  I  Q  L  T  Q  S
U  H  O  E  O  D  H  U  G  V  U  Y  R  Q
S  Z  X  R  N  L  R  A  M  T  P  U  I  M
E  L  E  O  I  G  A  L  L  E  R  Y  P  V
U  X  B  T  H  S  D  W  W  G  S  M  A  M
M  I  R  S  N  D  T  I  L  E  U  M  M  N
```

ATQUI	ELIT
PISTRINUM	MUSEUM
RIPAM	AMET
LIBRARY	SCHOLA
FLORIST	STADIUM
BOOKSTORE	FORUM
EXO	THEATRUM
GALLERY	UNIVERSITY
HOTEL	STORE
EGET	

63 - Creativiteit

```
L  J  V  O  I  T  A  N  I  G  A  M  I  V
S  U  C  I  G  A  R  T  M  G  R  E  A  I
R  I  U  T  M  U  S  N  E  S  T  N  D  S
C  E  X  H  J  A  M  V  N  I  I  O  V  I
E  L  A  T  I  V  G  M  O  N  S  I  O  O
I  W  A  J  I  P  B  O  I  G  U  S  I  N
A  N  G  R  E  P  Z  N  S  E  T  N  T  E
N  L  T  F  I  F  S  X  S  N  C  E  A  S
R  B  B  U  J  T  O  K  E  I  E  T  R  A
Z  A  H  S  I  U  A  R  R  O  F  N  I  H
K  P  Z  R  D  T  A  S  P  S  F  I  P  H
B  I  V  Z  V  Q  U  I  M  U  A  T  S  V
L  U  Z  R  T  T  Y  M  I  S  Y  U  N  B
E  X  P  R  E  S  S  I  O  S  O  P  I  L
```

ARTIS
IMAGO
TRAGICUS
AFFECTUS
SENSUM
CLARITAS
IMPRESSIONEM
INSPIRATIO

INTENSIONEM
INTUITUM
INGENIOSUS
EXPRESSIO
ARTE
IMAGINATIO
VISIONES
VITALE

64 - Natuur

```
M R Q K F F X C L S T H D G
M L B A J A R G H Z C O U L
U I P C L D X O G I L A C A
I D E S E R T O N D N V I C
R U K E K Q P Q U D L I T I
A U Z P N J D L A V E T C E
U J C A B R R M N C Z A R R
T I P I C S U S E P P L A S
C N U B E S B P R F G I I B
N S F L U M E N E U E S U U
A I K M O N T E S S V R W Y
S L T R O P I C A L V A A P
O V P U L C H R I T U D O D
E A S E X E A N I M A L I A
```

ARCTIC
MONTES
APES
SILVA
ANIMALIA
SUSCIPIT
EXESA
FRONDE
GLACIER
SANCTUARIUM

RUPES
CALIGO
FLUMEN
PULCHRITUDO
SERENA
TROPICAL
VITALIS
FERA
DESERTO
NUBES

65 - Zoogdieren

```
A  S  N  K  W  D  C  M  U  T  E  R  E  B
S  I  Z  Q  C  E  R  O  T  S  A  C  L  A
I  M  F  I  S  L  V  E  Y  T  T  Z  E  L
N  I  X  S  U  P  E  L  U  O  F  A  P  E
U  A  V  U  U  H  L  L  C  N  T  R  H  N
S  A  U  L  Q  I  C  R  O  L  Y  E  A  A
U  R  N  E  E  N  V  K  U  S  Q  U  N  L
R  E  F  M  N  I  E  C  H  S  Y  J  T  U
U  H  Z  A  H  L  L  P  V  I  Z  Z  I  P
A  T  Y  C  D  R  V  T  U  N  R  B  S  U
T  N  M  K  E  C  J  F  L  A  W  C  T  S
M  A  C  R  O  P  U  S  P  C  E  N  U  O
K  P  H  N  K  O  N  I  E  B  I  X  E  M
J  X  T  B  P  E  Z  F  S  I  L  E  F  N
```

SIMIA	MACROPUS
CASTOR	FELIS
COYOTE	LEPUS
DELPHINI	LEO
ASINUS	ELEPHANTIS
HIRCUM	EQUUS
PANTHERA	TAURUS
ORCI	VULPES
CANIS	BALENA
CAMELUS	LUPUS

66 - Overheid

```
C B M O L I B E R T A T E M
O R A T I O N M S T A T U S
M O N U M E N T U M R F G I
S I L A I C I D U I U J J L
D I D E M O C R A T I A V I
G U G C I U I T A T E M G V
L A X N N U L L A M G R M I
W I T W U H K R D A X E L C
I T W G L M S T U X L V N K
D I S P U T A T I O N E M S
T T P O L I T I C A S N R I
K S A E Q U A L I T A S A C
W U A X V Z G J F E U C V A
O I T U T I T S N O C Q A P
```

CIUITATEM
CIVILIS
DEMOCRATIA
DISPUTATIONEM
AEQUALITAS
IUDICIALIS
IUSTITIA
CONSTITUTIO
DUX
MONUMENTUM

GENS
POLITICA
IURA
PACIS
STATUS
SIGNUM
ORATIO
LIBERTATEM
LEX
NULLAM

67 - 1 Jaar Geleden

```
S N O M P R A C T I C A H L
N S S U S O I R U C I S O C
E F F I C I E N S U D N U M
D X U R B K T F L I C E V C
N U C O S O I C V N E L E O
E U E T N Q N Y L T R O N N
P E U E E Q R U Q E T V U F
E H W R I Y Y S M L A E S I
D T V C P R G Q G L J N T D
N Y M E A R T I S I X E U I
I J R D S C E W S G H B S T
L I B E R A L I S E U R U K
I R A C U N D U S N V L I W
P A T I E N S U T S E D O M
```

ARTIS	LIBERALIS
BENEVOLENS	INTELLIGENS
MODESTUS	CURIOSUS
DECRETORIUM	INDEPENDENS
CERTA	PATIENS
VENUSTUS	PRACTICA
EFFICIENS	MUNDUS
IRACUNDUS	SAPIENS
BONUM	CONFIDIT

68 - Voertuigen

```
S U B W A Y R S I Z R I Q V
M R S W H Y A C U R E Y C I
S O U A E E L O P O T T O V
D L T P M N O O H T P I M A
U O L O O I A T P C O R I M
H D Z Z R R D E R A C E T U
K Q L I X A T R Y R I S A S
Y E Q H R M C T K T L I T M
S H H W I B P V I J E T U F
E C N A L U B M A T H A W Z
B H M H Z S T U N Q O R B S
C O M I T A T U M A M R F O
K E G Q K J R U Q X V S A J
T N Y E I Q Q B P U P I Y Q
```

AMBULANCE

CAR

TIRES

NAVI

COMITATUM

HELICOPTER

SUBWAY

MOTOR

SUBMARINE

ERUCA

SCOOTER

TAXI

TRACTOR

COMITATU

PORTTITOR

VIVAMUS

RATIS

DOLOR

69 - Geografie

```
H E M I S P H A E R I O L O N
N L O N G I T U D I N I S C
J O M E R I D I E M F D D E
V S R P P H T G J S N O U A
G R X T M R V O W N U J Q N
T O N Z H H U F L U M E N U
R E G I O N E R A M U E W M
G H Z D T D U S B W E S T J
J P I N N Q U H M E T N O M
B A L U S N I T W X M M G D
A M S M S U N A I D I R E M
C O N T I N E N S T V G I O
P A T R I A E F S A L T A H
L A T I T U D O R V K A H B
```

ATLAS	MERIDIANUS
MONTEM	NORTH
LATITUDO	OCEANUM
CONTINENS	REGIONE
INSULA	FLUMEN
HEMISPHAERIO	URBEM
ALTITUDO	MUNDI
MAP	WEST
PATRIA	MARE
LONGITUDINIS	MERIDIEM

70 - Kunstbenodigdheden

```
M  E  N  S  A  M  P  E  H  G  D  O  G  P
W  G  L  O  S  S  A  R  I  U  M  L  L  E
C  A  M  E  P  G  A  V  I  U  J  E  U  R
W  R  T  L  I  E  R  F  D  P  C  U  T  T
E  D  A  E  K  Y  N  Q  L  M  M  M  E  E
A  E  D  D  R  X  Z  I  N  T  Q  G  N  R
R  H  I  B  M  C  K  F  C  E  N  O  D  G
E  T  A  R  U  C  O  I  N  I  W  F  P  E
M  A  G  P  I  X  H  L  E  D  L  Y  B  T
A  C  L  U  T  U  M  A  O  B  S  L  U  V
C  A  R  B  O  N  E  S  R  R  P  J  I  R
C  O  L  O  R  E  S  Q  A  T  S  C  S  Q
A  T  R  A  M  E  N  T  U  M  A  B  N  I
E  Z  U  A  Q  U  A  O  Q  U  F  O  K  Q
```

DONEC
WATERCOLORS
PERTERGET
CAMERA
GLOSSARIUM
OTIUM
DELEO
CARBONES
ATRAMENTUM

LUTUM
COLORES
GLUTEN
OLEUM
CHARTA
PENICILLI
CATHEDRA
MENSAM
AQUA

71 - Barbecues

```
Y  V  A  M  I  C  I  S  P  L  Q  T  C  A
S  E  O  T  A  M  O  T  C  I  W  J  T  M
F  P  S  X  V  X  G  U  L  Y  P  S  Y  U
L  E  G  U  M  I  N  A  J  I  S  E  T  S
M  C  O  N  D  I  M  E  N  T  U  M  R  I
F  A  M  I  L  I  A  F  A  N  T  A  A  C
U  G  U  U  N  I  X  Y  D  E  C  F  E  A
D  K  B  S  D  L  A  S  X  T  U  F  S  M
Z  P  I  A  W  I  N  A  S  O  R  X  T  H
Y  H  C  C  O  F  L  I  F  P  F  P  A  W
P  U  L  L  U  M  A  A  G  Y  Y  T  T  D
P  R  A  N  D  I  U  M  C  N  V  I  E  Z
D  C  R  A  T  I  C  U  L  A  M  R  G  G
J  W  S  T  R  I  D  E  N  T  E  S  U  X
```

PRANDIUM	PIPER
FAMILIA	POTENTI
FRUCTUS	CONDIMENTUM
CRATICULAM	TOMATOES
LEGUMINA	CEPE
CALIDUM	CIBUM
FAMES	TRIDENTES
FILII	AMICIS
PULLUM	AESTATE
MUSICA	SAL

72 - Schoonheid

```
C C O N V A L L I S I T U C
I W L Y K R S H A M P O O M
N A T A Z O T V O M H Z M S
C I T M G L S K U R K Q Z O
I G B P I O I B I T S S P A
N M T J B C L P H A H L G I
N E E I P N Y Y S J A M E T
I R L R O T T R F T F A V N
S O L E I U S C L Y I I N A
J P U E G G R A T I A C L G
U E O D N A I C I X A I K E
Z L D J M I N T K B I F K L
T Z O L M B S S S F T F Y E
H K R S P E C U L U M O L L
```

LEPOREM
STIBIO
OFFICIA
ELEGANS
ELEGANTIA
AMET
GRATIA
ODOR
LENIS

CUTIS
COLOR
CINCINNIS
LIPSTICK
CONVALLIS
AXICIA
SHAMPOO
SPECULUM
STYLIST

73 - Wetenschappelijke Discip

```
P N E D E R L A N D I C A E
B H M E T E O R O L O G Y O
C I Y G O L O N U M M I L O
N H O S I U D P I W A S E X
A R E L I B O T A N I C A M
E B M M O O N V K O B I I O
B W Y S I G L E M R X T G E
S E F B R A Y O E L D O O C
A N A T O M I A G X Q B L O
M E C H A N I C A Y Y O O L
N U T R I T I O N E M R I O
B I O C H E M I S T R Y C G
A N T I Q U I T A T I S O I
N E U R O L O G Y X P P S A
```

ANATOMIA
ANTIQUITATIS
BIOCHEMISTRY
BIOLOGY
CHEMIA
OECOLOGIA
PHYSIOLOGY
NEDERLANDICAE
IMMUNOLOGY

MECHANICA
METEOROLOGY
NEUROLOGY
BOTANICAM
DUIS
ROBOTICS
SOCIOLOGIAE
NUTRITIONEM

74 - Bijvoeglijke Naamwoorden

```
T  L  T  Y  Y  T  S  U  P  E  R  B  U  S
C  R  A  E  S  U  R  I  E  N  T  E  S  U
O  N  A  S  O  U  T  C  U  R  F  S  I  T
M  A  S  G  S  U  R  U  P  E  E  A  T  A
M  T  L  D  I  U  E  D  L  P  U  N  R  N
O  U  A  E  H  C  S  T  I  A  D  U  O  O
D  R  S  L  V  S  U  F  O  G  B  S  F  D
O  A  A  E  A  O  U  S  E  J  R  N  P  P
U  L  V  E  V  I  T  P  I  R  C  S  E  D
X  I  B  A  E  Y  E  X  U  M  A  R  E  V
G  S  P  Y  J  A  M  U  V  O  N  W  D  E
W  D  X  I  R  T  A  E  R  C  S  Y  W  L
D  U  I  S  I  T  Z  L  M  J  Q  A  I  W
S  O  M  N  O  L  E  N  T  U  S  F  Z  H
```

VERAM	NOVUM
DONATUS	DUIS
DESCRIPTIVE	FRUCTUOSA
CREATRIX	SOMNOLENTUS
TRAGICUS	FORTIS
SANUS	SUPERBUS
ESURIENTES	AMET
COMMODO	FERA
LASSUS	SALSA
NATURALIS	PURUS

75 - Kleding

```
T A H P T T R Y R L E W E J
R I M O N I L E R O M F Q A
I N B B Z M U L U G N I C C
H I A I S A C A E S T U S K
S C E N A L L U N C O W E E
M A P W M L Y S H O C Y J T
G L L Y A I I E W A I S K T
H T I I J M J A I T H Q R I
W A T R A R S A N D A L I A
S L B Q P A B L O U S E H G
W P A I C H L A M Y D E M U
M E B B T B R A C C A E W X
S W J D D U S W E A T E R E
Y T X O U N U O Z L T F G M
```

ARMILLAM
BLOUSE
BRACCAE
CAESTUS
HAT
COAT
JACKET
HABITU
MONILE
MORE

PAJAMAS
CINGULUM
LACINIA
SANDALIA
NULLA NEC
SHIRT
JEWELRY
CHLAMYDEM
TIBIALIA
SWEATER

76 - Vliegtuigen

```
N C B A L L O O N Q E W Y A
Y A H I S T O R I A S Y O L
E N I G N E Y E G U C I C T
E T N U E S N A R T A Z S I
U A T R P Y S N E N Z D U T
F V C S C O I C A S T X S U
D I G Q M E R A G I V A N D
S T Z K Q V E T Y X B R E O
F E R O C I A M U L E A C N
V E R S U S C F T M J N S B
X S C Z M W J A Y J Q F E J
W F P A Y N Q X S U H P D S
C O N S I L I U M U P K R E
G U B E R N A T O R S N R I
```

DESCENSUS	PORTUM
AERIS	AER
CASUS	ENGINE
BALLOON	NAVIGARE
CANTAVIT	CONSILIUM
ESCA	TRANSEUNTE
HISTORIA	GUBERNATOR
CAELUM	VERSUS
ALTITUDO	FEROCIAM

77 - Herbalisme

```
N L V S U N I R A M S O R Y
C Z M O Y D N O G A R R A T
I X E T M Y G Z H I M O V D
H O R T U S R V Y S U L I K
R A O N I O E A V A W S R A
N M P X L L D O N C Y E I N
Q M A C L F I R C I V Y D E
G U S L A T E I W R L V I T
X M A Q S S N G S X O U S H
H Y K L F G S A S D U C C U
I H B A I V P N N C W P U M
S T M J X T W U X H D R G S
W M U C I T A M O R A X U W
O R I G A N I S C X O J P G
```

AROMATICUM
FLOS
CULINARY
ANETHUM
TARRAGON
VIRIDIS
INGREDIENS
ALLIUM
QUALITAS

CASIA
ORIGANI
ORIGANUM
ROSMARINUS
CROCUS
SAPOREM
THYMUM
HORTUS

78 - Kracht en Zwaartekracht

```
P A C I N A H C E M D R I C
M R V A C I S Y H P I P W E
A F O E M T S I X A L L P L
G P L P U I U I B G A A C E
N L G G R P P M I Q T N U R
I J N G T I M S M S A E R I
T M N Q N C E I N D T T A T
U P E G E S T T B S I A B A
D O K L C U D E A U O R I T
O N L H I S E N T T W U T E
J D T C E O E G I O E M U T
L U C O R P J A B M U S R B
Z S R P F D F M R A J Y Q Z
I N V E N T I O O P L A W X
```

PROCUL
AXIS
ORBITA
MOTUS
CENTRUM
CURABITUR
SUSCIPIT
PROPRIETATES
PONDUS
ICTUM

MAGNETISMI
MECHANICA
PHYSICA
MAGNITUDO
INVENTIO
PLANETARUM
CELERITATE
TEMPUS
DILATATIO

79 - Rijden

```
P  E  R  I  C  U  L  U  M  R  A  I  V  Z
P  E  D  E  S  T  R  E  M  O  C  C  W  Z
Q  S  J  U  D  D  A  C  A  T  C  L  S  K
N  V  D  E  M  F  V  E  V  O  I  Z  D  E
V  E  S  T  I  B  U  L  U  M  D  D  U  L
H  A  C  A  E  M  J  M  F  E  E  A  M  C
L  T  F  T  P  U  T  X  B  T  N  D  E  Y
Y  F  J  I  E  L  L  B  B  U  S  O  T  C
I  G  W  R  N  U  A  C  M  L  D  L  A  R
E  E  T  E  Y  C  M  T  L  A  W  O  H  O
L  O  D  L  K  I  O  B  E  S  P  R  Z  T
X  O  S  E  J  N  K  E  G  A  R  A  G  O
X  Q  U  C  U  U  M  D  W  F  W  C  M  M
A  I  T  N  E  C  I  L  A  E  N  E  A  N
```

CAR	AT
ESCA	DUMETA
GARAGE	CELERITATE
VESTIBULUM	PLATEA
PERICULUM	CUNICULUM
MAP	SALUTEM
LICENTIA	AENEAN
MOTOR	PEDESTREM
MOTORCYCLE	DOLOR
ACCIDENS	VIA

80 - Wetenschap

```
O D Z E X E S M E S X M R G
O E E B P L O I X U L V W O
I C L B M I J N P S C Y V V
N U W M I S Z E E S S X M L
T E W K T S U R R E I O U S
X A D L N O R A I R L E J M
C T S J F F K L M G U U P O
N A T U R A B I E E C M L L
L D E T D Q J B N A I O A E
T N G R Z O S U T R T T N C
X U E B W M M S U P R A T U
I L E A C F J S M N A O I L
L L O M F T T M Z R P G S I
P A C I S Y H P T T Z B F S
```

ATOM
EGET
PARTICULIS
PRAEGRESSUS
EXPERIMENTUM
EO
FOSSILE
DATA
RUM

CAELI
NULLA
MODUS
MINERALIBUS
MOLECULIS
NATURA
PHYSICA
PLANTIS

81 - Natuurkunde

```
S Q G F V Q C I J W T I M P
A E A C I N A H C E M R A A
T C Z A L U G Q A N Z U G R
I D C A T O M U T O Q N N T
S F V E N I G N E R S I E I
N J U E L V N N A T G V T C
E Q V P L E V M V C D E I U
D Y R V T O R S S E X R S L
P B T W U T C A X L A S M A
F O R M U L A I T E L A I M
Z G T J Z X R H T I U L D A
F R E Q U E N C Y A O I T S
D K G D H E Y X A X S S Q S
J M E M O L E C U L O Y U A
```

ATOM
CHAOS
EGET
PARTICULA
DENSITAS
ELECTRON
FORMULA
FREQUENCY

MAGNETISMI
MASSA
MECHANICA
MOLECULO
ENGINE
VELOCITAS
UNIVERSALIS
ACCELERATIO

82 - Muziekinstrumenten

```
P  S  F  W  D  F  T  K  J  Z  D  P  T  B
E  O  C  B  P  M  M  R  I  D  P  L  Z  A
R  N  J  K  B  N  V  Y  O  F  I  E  G  S
C  A  I  R  E  O  T  B  X  M  C  N  R  S
U  T  W  I  N  K  U  G  M  H  B  I  U  O
S  A  T  D  G  C  B  J  P  O  X  O  E  O
S  A  I  B  I  T  A  Y  C  T  W  P  N  N
U  R  T  T  Y  M  P  A  N  U  M  I  O  E
S  A  C  I  N  O  M  R  A  H  C  A  H  N
R  H  G  V  B  A  U  L  J  L  E  N  P  B
Y  T  Z  O  B  I  L  I  O  H  L  O  O  T
M  I  R  L  N  E  A  W  G  E  L  S  X  T
Q  C  G  T  P  G  L  E  Q  V  O  I  A  F
B  A  N  J  O  V  H  N  O  E  P  O  S  Q
```

BANJO	PLENI
CELLO	HARMONICA
BASSOON	PERCUSSUS
TIBIA	PIANO
CITHARA	SAXOPHONE
GONG	TYMPANUM
SONATA	TROMBONE
TIBIAE	TUBA

83 - Ethiek

```
S  A  P  I  E  N  T  I  A  L  S  P  E  Z
D  I  P  L  O  M  A  T  I  C  A  E  U  G
A  L  T  R  U  I  S  M  B  B  G  G  Q  R
S  A  I  T  N  A  R  E  L  O  T  E  S  A
M  I  S  E  R  I  C  O  R  D  I  A  I  J
H  T  I  C  K  L  E  B  L  M  S  G  U  W
I  N  T  E  G  R  I  T  A  T  E  R  Q  B
R  E  A  L  I  S  M  U  S  P  A  C  O  O
L  I  T  D  I  G  N  I  T  A  T  E  M  N
Q  T  S  I  T  A  T  I  N  A  M  U  H  A
G  A  E  R  E  V  E  R  E  N  T  I  O  R
Y  P  N  R  A  T  I  O  N  A  B  I  L  E
G  U  O  I  T  A  R  E  P  O  O  C  X  T
A  I  H  P  O  S  O  L  I  H  P  P  F  H
```

ALTRUISM
DIPLOMATICAE
REVERENTIOR
HONESTATIS
PHILOSOPHIA
PATIENTIA
QUISQUE
INTEGRITATE
MISERICORDIA

HUMANITATIS
SPE
REALISMUS
RATIONABILE
COOPERATIO
TOLERANTIA
BONA
DIGNITATEM
SAPIENTIA

84 - Antiek

```
E Z V M A L L U N Q V V J S
C I V S A T I L A U Q E E U
R S C F C O I N S K F R W P
P R E T I U M L M L H A E E
B B E S G R E Z O O Y M L L
C O N D I T I O F S I M R L
F A N A T I C U S S N H Y E
E L E G A N S Z R T G I R C
S S A I V E T U S Y Y J E T
A Y R U T N E C V L B A L I
I H L Q M E P O Z E W Y L L
M R Y L Z A M U F F W X A E
R R D I G N I S S I M Z G M
U G N X P I C T U R A E H N
```

VERAM	SUPELLECTILEM
NULLAM	COINS
CENTURY	INSOLITA
ELEGANS	VETUS
GALLERY	PRETIUM
DIGNISSIM	PICTURAE
ITEM	JEWELRY
ES	STYLE
QUALITAS	CONDITIO
FANATICUS	

85 - Activiteiten en Vrije Ti

```
U  R  I  F  I  T  U  O  Z  J  K  T  F  B
S  L  F  E  A  E  R  I  W  Y  W  S  N  A
U  L  T  O  J  M  D  A  G  O  L  F  S  S
P  P  M  R  R  A  N  I  V  L  U  P  E  E
E  B  I  N  I  T  Q  F  S  E  B  T  T  B
R  Q  S  S  U  C  G  Z  H  Q  L  C  N  A
F  U  S  H  C  U  E  C  A  S  T  R  A  L
I  J  I  O  P  A  Z  S  Z  R  U  J  T  L
C  U  N  B  I  G  N  I  N  E  D  R  A  G
I  C  G  B  C  P  H  D  D  X  Z  A  N  W
E  T  I  I  T  L  R  N  I  T  C  L  C  Y
S  A  D  E  U  B  O  X  I  N  G  T  E  Q
A  Q  R  S  R  C  O  N  S  E  Q  U  A  T
F  H  B  D  A  T  R  I  S  T  I  Q  U  E
```

ULTRICES	AMET
BOXING	TRAVEL
CONSEQUAT	PICTURA
GOLF	SUPERFICIES
PISCANDI	TRISTIQUE
HOBBIES	GARDENING
BASEBALL	DIGNISSIM
CASTRA	PULVINAR
ES	NATANTES

86 - Water

```
V O F Z Q G K L M R E Y D I
A H L P S W E V A N Y T I R
P B U J E D Y Y J C Y N L R
O N C M C Q Y W S N U K U I
R I T J W V N P W E T S V G
E X U E Q V M D F M R C I A
B J S A T I D I M U H A U T
M O H L V V C Z Q L U N M I
I H C L G A J D T F M A E O
W U E E C E R E P N O L T N
Z M F C A I V U L P R I E E
K I L O R N I C E R Y S S S
Z D Z R A O U Z Z C Z U I Q
V O Z P B S E M G Z M G A U
```

IMBER	PROCELLAE
GEYSER	DILUVIUM
FLUCTUS	PLUVIA
ICE	FLUMEN
IRRIGATIONES	NIX
CANALIS	VAPOR
LACUS	UMOR
ETESIA	HUMIDO
OCEANUM	HUMIDITAS

87 - Koffie

```
A N I G R U M L A M F R O J
M S V C D R L J I E C O R U
A M K T W C N S S Q F S I L
R E N A M N A F A N U S G I
A R I Y C A L I C E M I O U
H O L I U R C Q W R U P D S
V P D G V E T A T E I R A V
V A Z Q A S B R F T T O X D
H S Q S I A H S M V E M V E
S I M U N S A W Q N R E A R
U T Y P A S V R P L P R Q C
G T Z O U U Y C V Q A C Q L
A T K P G M J A S U L C L W
R S P A R G U N T U R X E F
```

CALICEM   PRETIUM
AMARA   CREMOR
JULIUS   SAPOREM
SPARGUNTUR   SUGAR
ASSUM   VARIETATE
TERE   LIQUID
LAC   AQUA
MANE   NIGRUM
ORIGO

88 - Schaken

```
R E X F Q E Y L U D U M R P
T E M P U S J N E O I I G A
M P S U I R A S R E V D A S
U N E W I E W M V T N T D S
I P W T A T P E C E A R P I
C T O R N E A M E N T U M V
I O J U J M R Z B W R M C A
F N N U G A R E W A G O E T
I I G S Z I I E C R C M R C
R G N U I D Z P G S J S T N
C R A B H L U H G I I B A U
A U M L E X I P J E N D M P
S M I A N V L O A J M A E O
L U D I O L U D I U S Y N B
```

DIAMETER
REX
REGINA
DISCERE
SACRIFICIUM
PASSIVA
PUNCTA
PRAECEPTA
LUDUM

LUDIO LUDIUS
CONSILIO
ADVERSARIUS
TEMPUS
TORNEAMENTUM
CERTAMEN
ALBUS
NIGRUM

89 - Boerderij #1

```
B E U A D Q Q D O M K X X A
N X K O G H N G O O M N Y Q
U V Z L R R Y L R J X X K U
B O S S O R I A L E M E L A
V I T U L U M C N Q G Z G S
P T Z V Q S K S U U Q E T A
H W R R G S Z E N L A Y M G
Q A H O S E M I N A T E U R
R T Y C B P U L L U M U C O
S T E R C O R A T Z C Z R X
I A C G M S E P E M A I I A
L P I A S I N U S I N Z H H
E I R O B S N N V R I C G F
F S M K S G K F F A S N V L
```

APIS	BOS
ASINUS	CORVUS
HIRCUM	GREGEM
SEPEM	AGRICULTURA
CANIS	STERCORAT
MEL	EQUUS
HAY	RICE
VITULUM	AGRO
FELIS	AQUA
PULLUM	SEMINA

90 - Huis

```
V E S T I B U L U M O L S L
L A A T T I C A E Y S U P A
I T H L S M U I N Z T C E Q
B S P P O M M J P I I E C U
R I G N F J U U H Z U R U E
A N C Y Z F L E T O M N L A
R E Z U S S U S X C R A U R
Y G Z L L N C E L A E T M I
G A R A G E I P T M B T U A
V L O C U S B E D I M E R S
D G M M U R U M Y N I V E B
R W L B I K C E J O F O C O
S U P E L L E C T I L E M P
L N F U N D A M E N T U M C
```

GENISTAE
LIBRARY
TECTUM
OSTIUM
IMBER
GARAGE
FOCO
SEPEM
LOCUS
FUNDAMENTUM

VESTIBULUM
LUCERNA
SUPELLECTILEM
MURUM
LAQUEARIA
CAMINO
CUBICULUM
SPECULUM
HORTUS
ATTICA

91 - Geometrie

```
P A R A L L E L A D G C A C
C C M M V O Y T X I C A L I
Q I U E O E X M A A U L T R
B G L I G W S C F M R C I C
S O U C H A U T I V V U T U
P L G I J O N E I Y A L U L
S R N F Z W A G N B N U D U
J S A R A T I O U T U S O S
G I I E O P D C I L V L H L
H W R P D W E L R S U F U K
S Y T U O I M K X A S S A M
X N B S M U T N E M G E S R
V T F E B Y A I R O E H T I
A E Q U A T I O S W I H B P
```

CALCULUS
CIRCULUS
CURVA
DIAM
RATIO
TRIANGULUM
ANGULUS
ALTITUDO
VESTIBULUM

LOGICA
MASSA
MEDIANUS
SUPERFICIEM
PARALLELA
SEGMENTUM
PRAEDITIS
THEORIA
AEQUATIO

92 - Jazz

```
T A L E N T U M C S M Y N Q
R R O L O S S U A S U R O V
E T R Y I R N V N O S E B M
C S E T T A B O T I I X I U
N E M S A Q F N I T C Y L S
O H U P S A O T C I O L I I
C C N U I E L B U S R X S C
H R Y O V V T B M O U E O A
G O F E O T N I U P M F E K
E C E N R U I K R M X I M B
K U X Z P V D A F O I T R Q
R M E Q M C C G N C V R E E
W R O T I S O P M O C A H O
G E N U S V E T U S M B F D
```

ALBUM
ARTIFEX
NOBILIS
COMPOSITOR
CONCERT
FAVORITES
GENUS
IMPROVISATION
CANTICUM
MUSICORUM

MUSICA
NOVUM
ORCHESTRA
VETUS
NUMERO
COMPOSITIO
SOLO
STYLE
TALENTUM
ARS

93 - Getallen

```
Q V I G I N T I T X B S D Q
A U F G U S J S P T U E U U
L U I D N M E B J M O D O I
L B E N F E A P P E G E D N
U N U M Q A X O T C O C E D
N U D T D U Y S W E T I C E
D U O F R H E K R D M M I C
B Y Q F G E J F E O P A M I
W U I E O N S B X S R G V M
Q U A T T U O R D E C I M E
Q U A T T U O R N K W O L V
T R E D E C I M S E X D U O
D U N D E V I G I N T I Y N
T G N D E C E M E T O C T O
```

OCTO
DECEM ET OCTO
TREDECIM
TRES
UNUM
NOVEM
UNDEVIGINTI
NULLA
DECEM
DUODECIM

DUO
VIGINTI
QUATTUORDECIM
QUATTUOR
QUINQUE
QUINDECIM
SEX
SEDECIM
SEPTEM

94 - Boksen

```
L N M H M V M L S Y R P R B
Q A T A O E E E A A E U E J
C O R P U S N L M D F G C Y
B E L L H K W T O A E N U O
I N I U R I A S U X R A P O
F O C U S F S I X M E T E P
Y D O N U O U O M P N O R U
L U L T S A T N S D D R A N
L T U X S K I G E D A H T C
V I G N A F B U T S R U I T
F T N V L N U P R L I B O A
E R A R T I C L A C U M X F
B O C A E S T U S N S H O I
T F A D V E R S A R I U S I
```

CUBITUS

FOCUS

CAESTUS

RECUPERATIO

ANGULO

MENTUM

BELL

FORTITUDO

CORPUS

PUNCTA

REFERENDARIUS

CALCITRARE

VELOX

ADVERSARIUS

FUNES

LASSUS

ARTE

PUGNATOR

INIURIAS

PUGNO

95 - Boerderij #2

```
A  C  I  B  U  M  Y  H  G  E  O  L  X  G
R  N  G  T  I  A  X  O  Y  B  G  L  H  Z
U  I  I  D  O  G  B  R  F  I  A  A  S  I
T  R  C  M  E  Y  M  D  F  J  T  M  O  Z
A  R  A  V  A  L  U  E  R  P  O  A  T  D
M  I  V  D  C  L  C  U  U  T  E  A  R  Y
O  G  O  W  L  N  I  M  C  A  L  G  A  P
R  A  J  A  O  K  T  A  T  H  E  R  C  Y
C  T  A  B  G  T  I  Y  U  O  M  I  T  O
H  I  T  N  U  Q  R  Q  S  R  Y  C  O  I
A  O  A  I  A  G  T  S  U  R  N  O  R  Y
R  N  E  Z  I  T  P  H  N  E  Y  L  J  L
D  E  J  K  U  J  I  V  G  U  D  A  K  T
Y  S  E  V  O  Q  H  S  A  M  R  O  P  H
```

AGRICOLA	LAC
ORCHARD	MATURA
ANIMALIA	OVES
ANATIS	HORREUM
FRUCTUS	TRITICUM
HORDEUM	TRACTOR
IRRIGATIONES	CIBUM
AGNUS	PRATI
LLAMA	

96 - Psychologie

```
T C N A F F E C T U S M S F
A O E Q Y X V R S B P O O P
X G M K B F B G E Y Y R M T
A I A I R O M E M K T I N M
T T T D O F U S C E N B I X
I A R U T I R E P X E U A X
O T E L T C T A J U M S E Q
N I C O N S C I E N T I A M
E O E Z O A A T N W N S J U
M N I G A M E I S G I M U S
M E D K O K O R L O O Q S N
F S A H A H B E C N P C T E
X O I T S E A U Q B P F O S
Q H F D H B X P F N A B Y Q
```

APPOINTMENT
TAXATIONEM
CONSCIENTIAM
COGNITIO
CERTAMEN
SOMNIA
EGO
AFFECTUS
EXPERITUR

COGITATIONES
MORIBUS
SENSUM
MEMORIA
PUERITIA
FUSCE
QUAESTIO
RE
JUSTO

97 - Zakelijk

```
B P E C U N I A B P Y L A O
F U T B S A L E B I H D A F
S W D R E D I T U S N F D F
U O T G O F P E D V S A I I
M T R L E A E P C E O C S C
P A D U Æ T E N O M L T C I
T B O C S U C R A P U O O U
U E L R J B N T Z D C R U M
S R O U V I A U G T I Y N W
M N R M X R N K D N R C T L
S A B S X T I K O Z R Z O L
V M R V P D F C W K U R U :
D I G N I S S I M G C N Y J
M O L E S T I E H L E E R B
```

DOLOR
BUDGET
TRIBUTA
CURRICULO
PARCUS
FACTORY
FINANCE
PECUNIA
REDITUS
DIGNISSIM

OFFICIUM
DISCOUNT
SUMPTUS
ADHIBE
MONETÆ
SALE
DICO:
MOLESTIE
TABERNAM
LUCRUM

98 - Voeding

```
S  P  P  T  S  U  T  I  T  E  P  P  A  P
G  A  O  R  G  S  D  X  W  K  L  Q  D  X
Z  M  L  N  F  R  M  U  T  A  R  B  I  L
S  I  L  U  D  E  M  O  B  L  M  S  P  O
U  C  I  L  T  U  S  E  R  O  U  Q  I  L
S  A  N  U  S  E  S  Z  C  R  T  Q  S  R
K  M  E  O  V  Q  M  Q  O  Y  N  E  C  W
C  O  N  C  O  C  T  I  O  N  E  M  I  D
C  O  N  D  I  M  E  N  T  U  M  E  N  D
T  I  I  C  I  B  U  S  G  S  R  R  G  A
I  N  X  Q  W  R  Z  U  H  E  E  O  R  M
Y  E  O  T  S  U  W  G  B  R  F  P  V  A
V  I  T  A  M  I  N  U  M  V  W  A  C  R
Q  U  A  L  I  T  A  S  C  O  N  S  K  A
```

AMARA	SALUTEM
ADIPISCING	QUALITAS
DIET	CONDIMENTUM
EDULIS	SAPOREM
APPETITUS	CONCOCTIONEM
SERVO	TOXIN
LIBRATUM	VITAMINUM
FERMENTUM	LIQUORES
PONDUS	CIBUS
SANUS	

99 - Chemie

```
P O N D U S C S Q I D C E M
C O N S E C T E T U E R L E
C O N S E Q U A T D R A E T
V P M M O L E C U L O E C A
E M Y Z N E M T U U E W T L
S E M E N O I T C A E R R L
T X U A L K A L I N E N O I
I C D C A T A L Y S T T N S
B T I D O L O R C V L O P L
U A C N K R O L A C I R U F
L K A S A L M B R C Q T A S
U I V N B G S Q B C U O Y Z
M V Q K J Y R B O G I R L R
X F P N V H I O Y G D B K V
```

ALKALINE	MOLECULO
CONSEQUAT	ORGANIC
ELECTRON	REACTIONEM
ENZYME	TORTOR
VESTIBULUM	LIQUID
PONDUS	CALOR
ION	CONSECTETUER
CATALYST	SAL
CARBO	ACIDUM
METALLIS	DOLOR

1 - Metingen

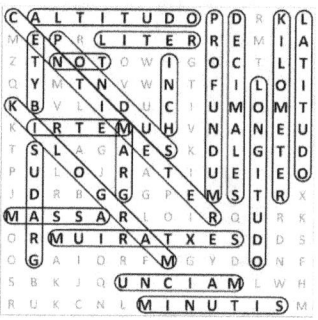

2 - Boten

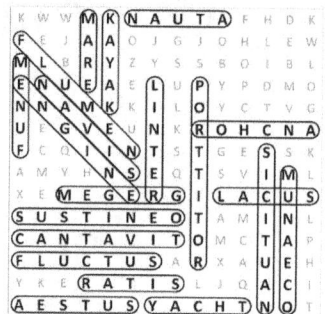

3 - Gezondheid en Welzijn #2

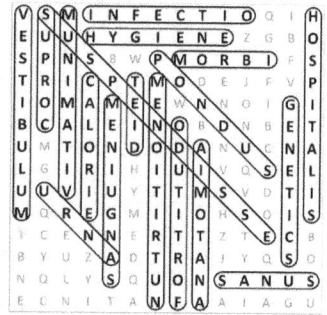

4 - Tijd

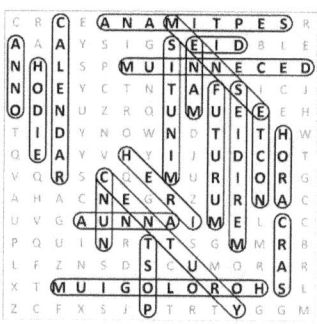

5 - Meditatie

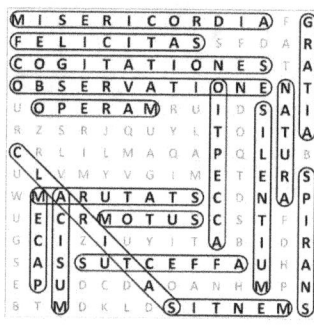

6 - Muziek

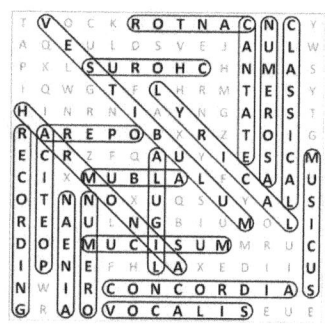

7 - Vogels

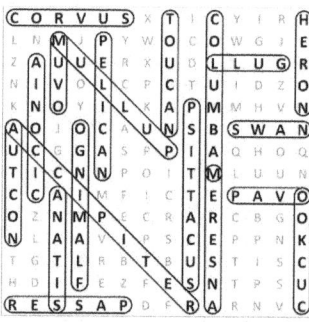

8 - Universum

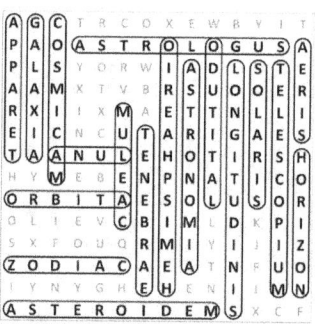

9 - Wiskunde

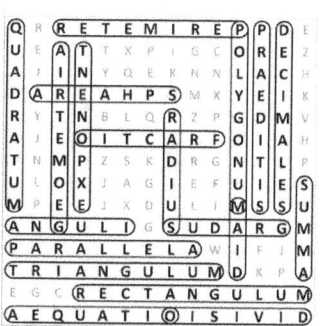

10 - Gezondheid en Welzijn #1

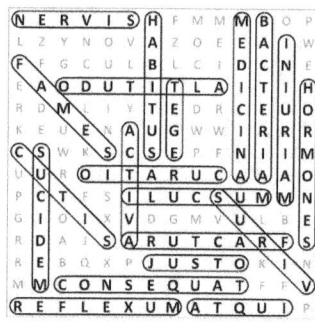

11 - Camping

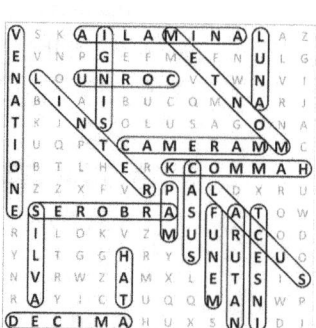

12 - Algebra

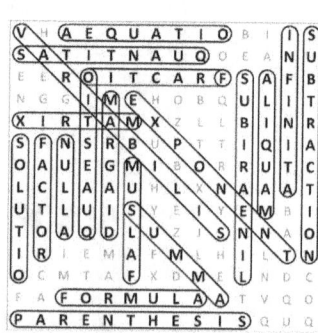

13 - Activiteiten

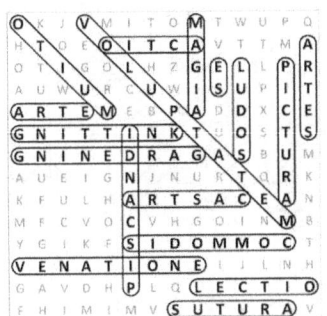

14 - Vormen

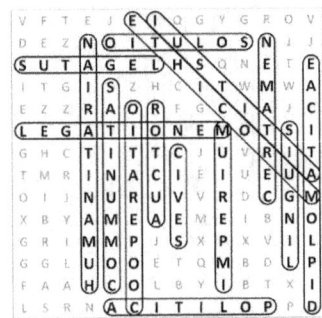

15 - Diplomatie

16 - Astronomie

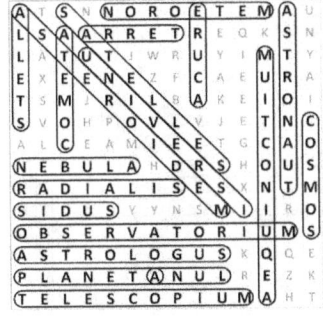

17 - Emoties

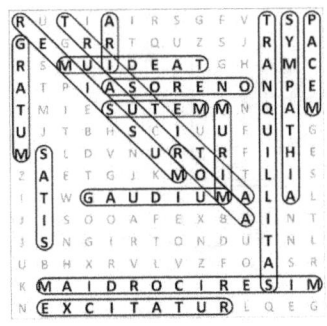

18 - Vakantie #2

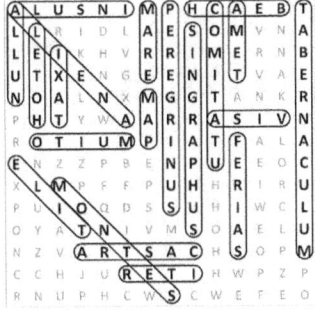

19 - Weersomstandigh

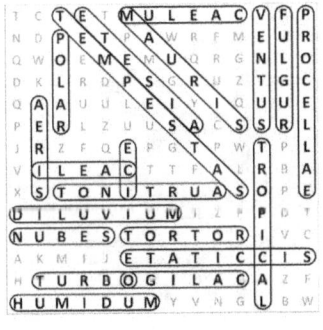

20 - Eten #2

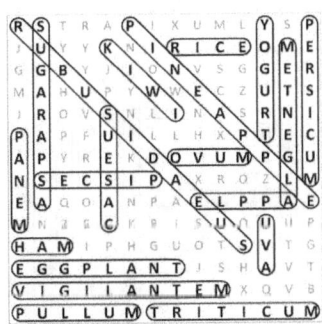

21 - Geologie

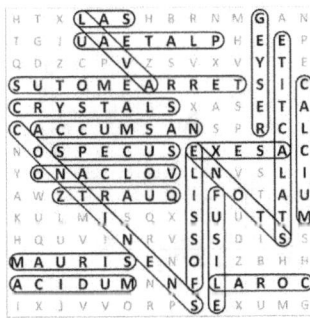

22 - Specerijen

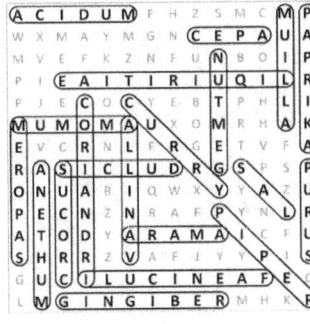

23 - Groenten

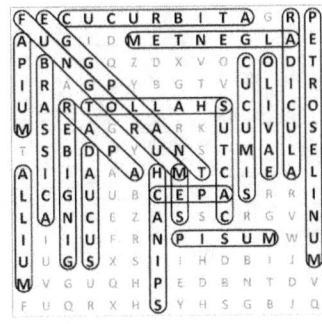

24 - Archeologie

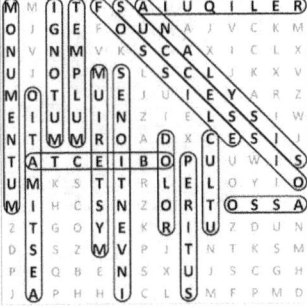

25 - Dans

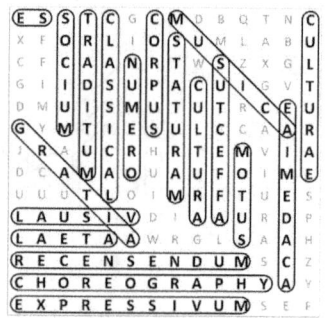

26 - Mythologie

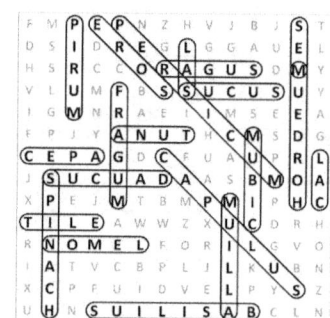

27 - Eten #1

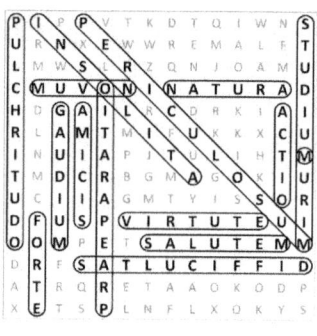

28 - Avontuur

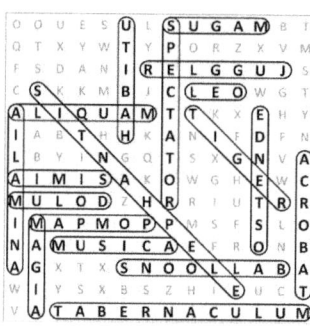

29 - Circus

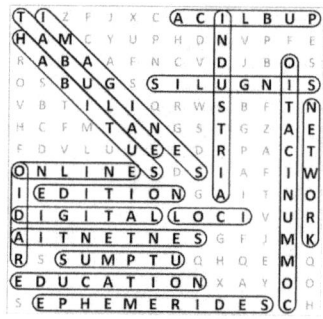

30 - De Media

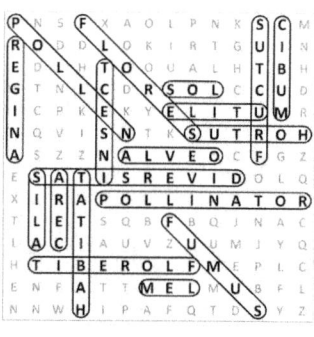

31 - Bijen

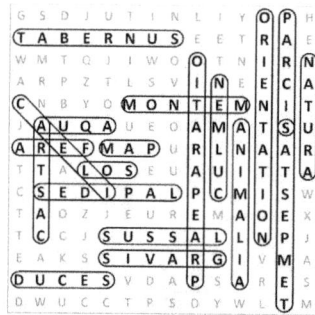

32 - Wandelen

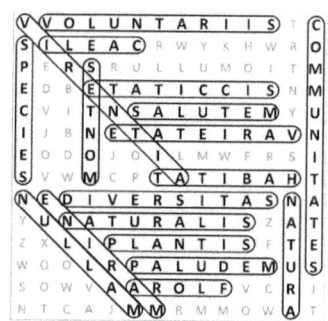

33 - Ecologie

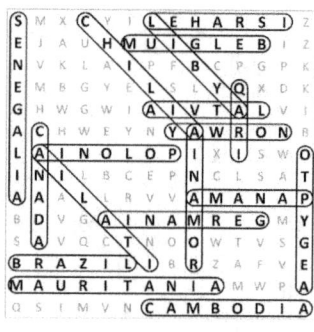

34 - Landen #1

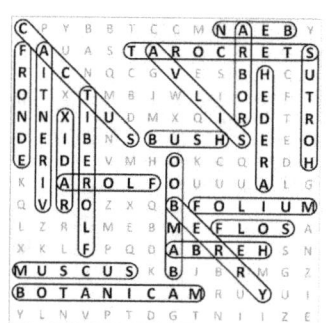

35 - Installaties

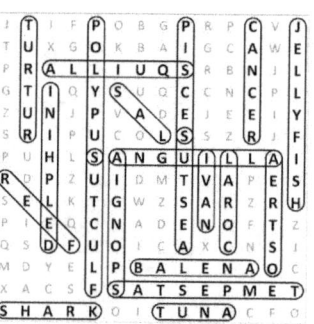

36 - Oceaan

37 - Landen #2

38 - Bloemen

39 - Landschappen

40 - Tuin

41 - Beroepen #2

42 - Dagen en Maanden

43 - Beeldende Kunsten

44 - Mode

45 - Tuinieren

46 - Menselijk Lichaam

47 - Energie

48 - Familie

49 - Gebouwen

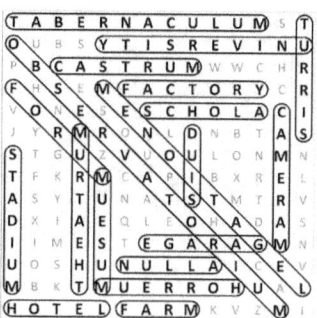

50 - Kunst

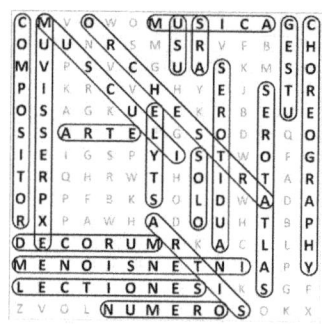

51 - Beroepen #1

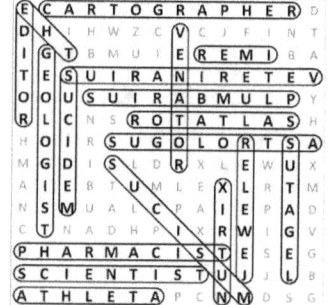

52 - Antarctica

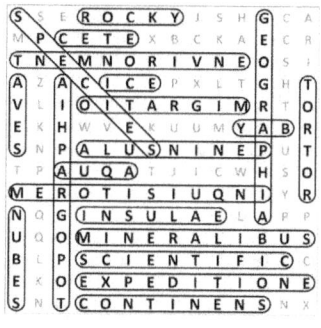

53 - Ballet

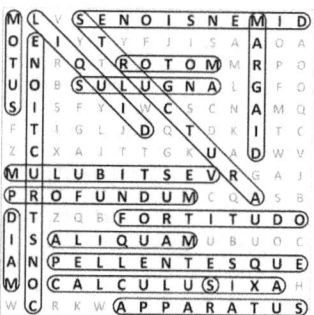

54 - Vissen

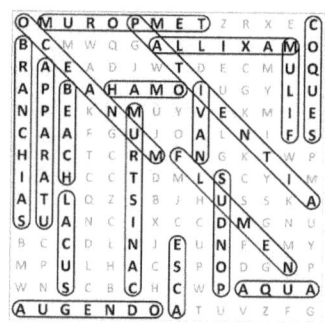

55 - Fruit

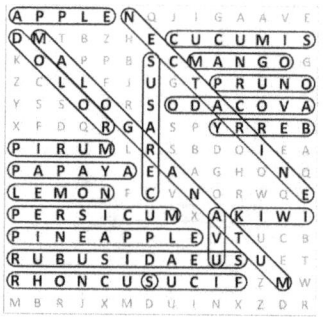

56 - Engineering

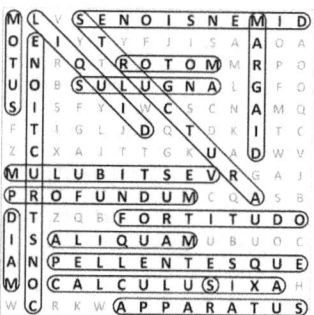

57 - Literatuur

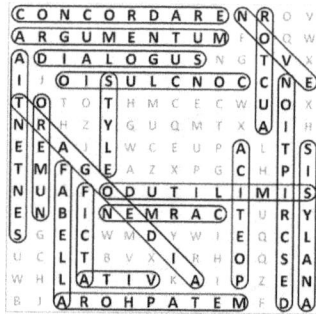

58 - Boeken

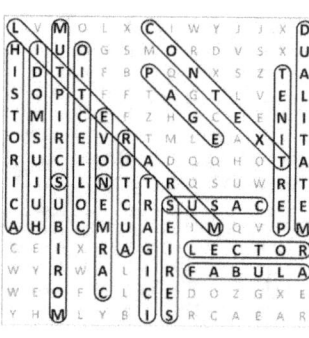

59 - Meer Informatie

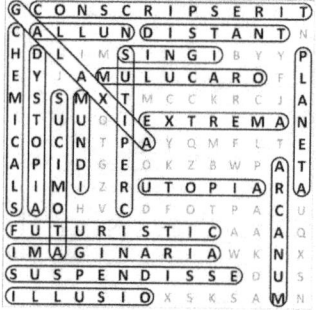

60 - Regenwoud

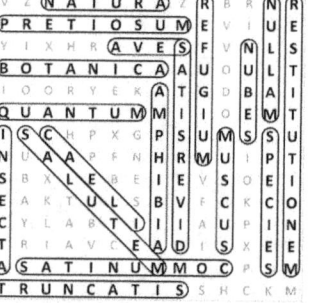

61 - Haartypes

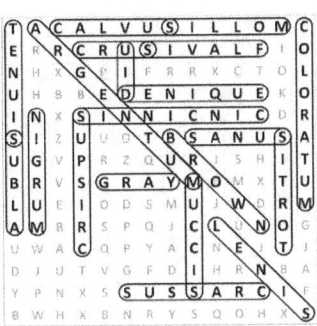

62 - Stad

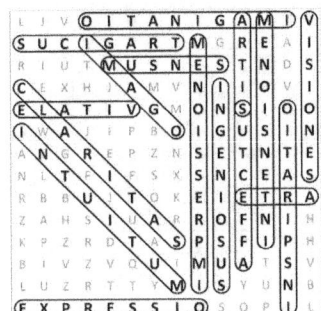

63 - Creativiteit

64 - Natuur

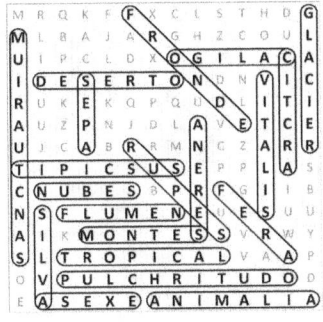

65 - Zoogdieren

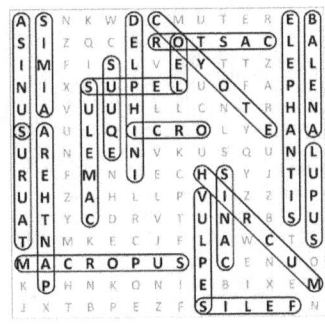

66 - Overheid

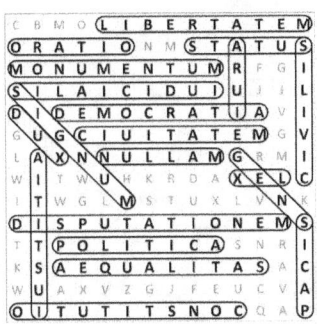

67 - 1 Jaar Geleden

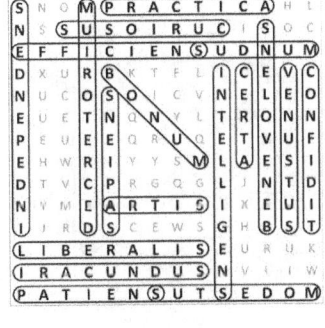

68 - Voertuigen

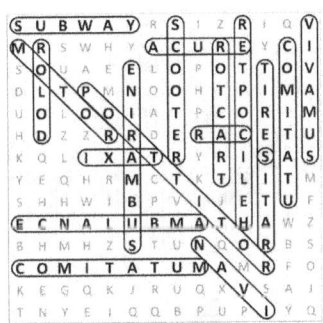

69 - Geografie

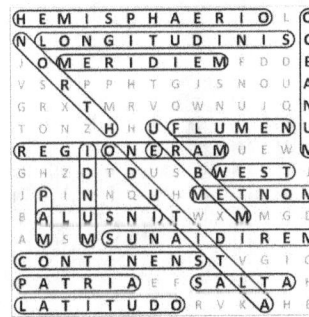

70 - Kunstbenodigdhe

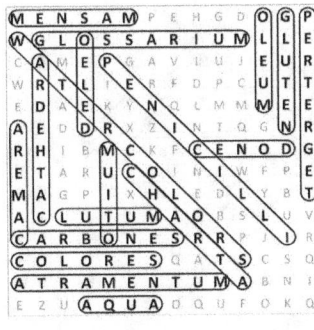

71 - Barbecues

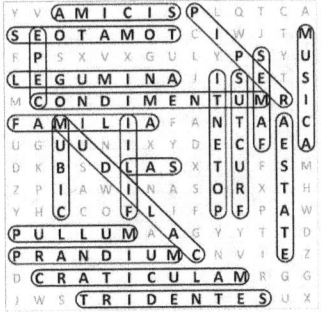

72 - Schoonheid

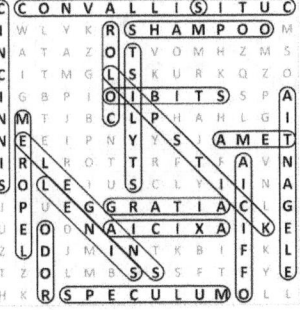

73 - Wetenschappelijk

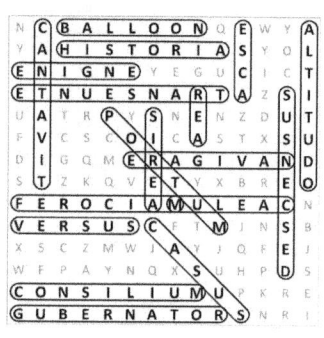

74 - Bijvoeglijke Naamwoorden

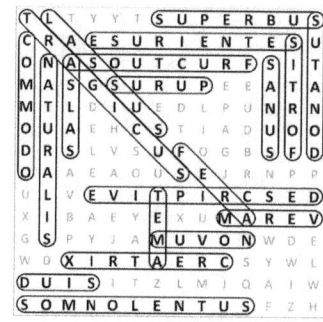

75 - Kleding

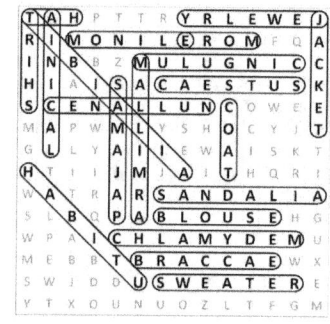

76 - Vliegtuigen

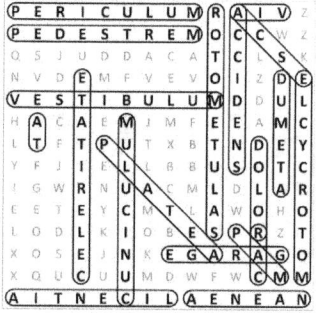

77 - Herbalisme

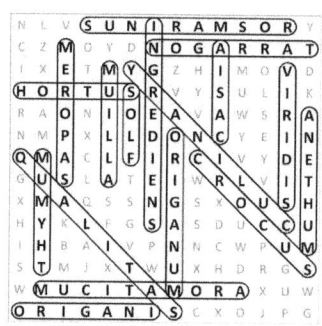

78 - Kracht en Zwaartekracht

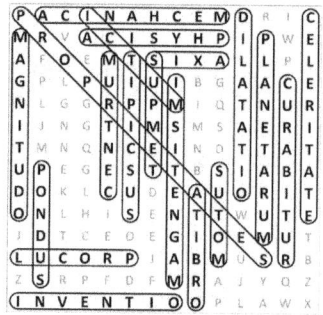

79 - Rijden

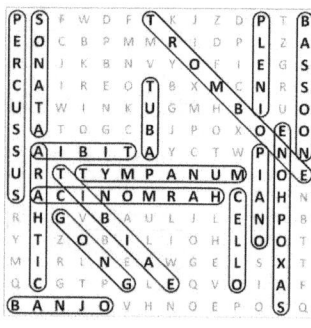

80 - Wetenschap

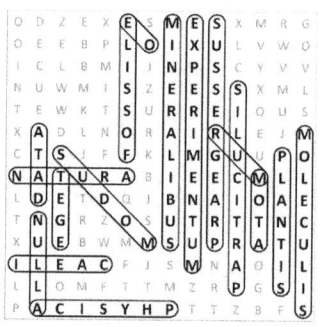

81 - Natuurkunde

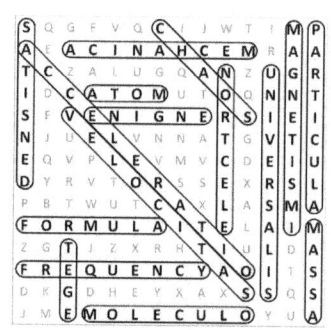

82 - Muziekinstrument

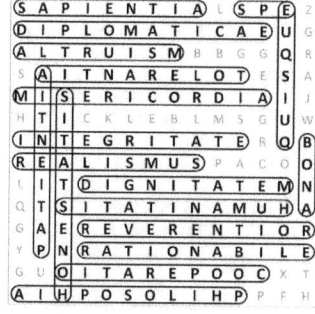

83 - Ethiek

84 - Antiek

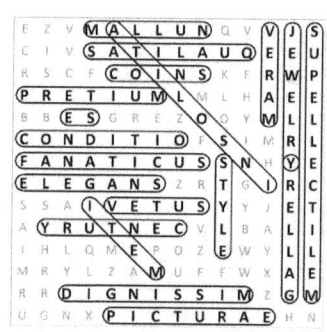

85 - Activiteiten en Vrije Ti

86 - Water

87 - Koffie

88 - Schaken

89 - Boerderij #1

90 - Huis

91 - Geometrie

92 - Jazz

93 - Getallen

94 - Boksen

95 - Boerderij #2

96 - Psychologie

97 - Zakelijk

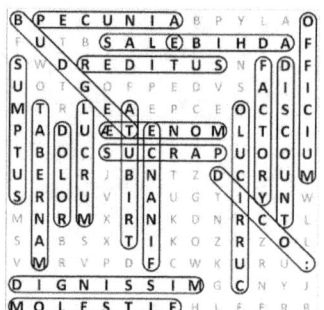

98 - Voeding

99 - Chemie

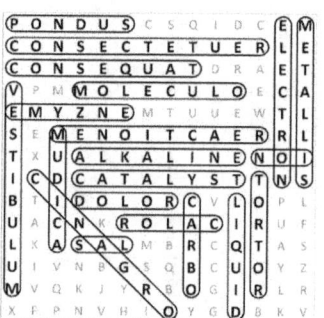

Woordenboek

1 Jaar Geleden
Virtutes #1

Artistiek	Artis
Behulpzaam	Benevolens
Bescheiden	Modestus
Beslissend	Decretorium
Betrouwbaar	Certa
Charmant	Venustus
Efficiënt	Efficiens
Gepassioneerd	Iracundus
Goed	Bonum
Gul	Liberalis
Intelligent	Intelligens
Nieuwsgierig	Curiosus
Onafhankelijk	Independens
Patiënt	Patiens
Praktisch	Practica
Schoon	Mundus
Wijs	Sapiens
Zelfverzekerd	Confidit

Activiteiten
Operationes

Activiteit	Actio
Ambachten	Artes
Belangen	Commodis
Breien	Knitting
Fotografie	Consequat
Games	Ludos
Hengelsport	Piscandi
Jacht	Venatione
Kamperen	Castra
Kunst	Es
Lezen	Lectio
Magie	Magia
Naaien	Sutura
Plezier	Voluptatem
Schilderij	Pictura
Tuinieren	Gardening
Vaardigheid	Arte
Vrije Tijd	Otium

Activiteiten en Vrije Ti
Operationes et Otium

Basketbal	Ultrices
Boksen	Boxing
Duiken	Consequat
Golf	Golf
Hengelsport	Piscandi
Hobby	Hobbies
Honkbal	Baseball
Kamperen	Castra
Kunst	Es
Ontspannen	Amet
Reis	Travel
Schilderij	Pictura
Surfen	Superficies
Tennis	Tristique
Tuinieren	Gardening
Voetbal	Dignissim
Volleybal	Pulvinar
Zwemmen	Natantes

Algebra
Algebra

Aftrekken	Subtraction
Diagram	Diagram
Exponent	Exponent
Factor	Factor
Formule	Formula
Fractie	Fractio
Grafiek	F
Haakje	Parenthesis
Hoeveelheid	Quantitas
Lineair	Linearibus
Matrix	Matrix
Nul	Nulla
Oneindig	Infinita
Oplossing	Solutio
Probleem	Quaestio
Som	Summa
Vals	Falsum
Variabele	Variabilis
Vereenvoudigen	Aliquam
Vergelijking	Aequatio

Antarctica
Antarctica

Baai	Bay
Continent	Continens
Eilanden	Insulae
Expeditie	Expeditione
Geografie	Geographia
Ijs	Ice
Migratie	Migratio
Mineralen	Mineralibus
Omgeving	Environment
Onderzoeker	Inquisitorem
Rotsachtig	Rocky
Schiereiland	Peninsula
Soort	Species
Temperatuur	Tortor
Topografie	Topographia
Vogels	Aves
Walvissen	Cete
Water	Aqua
Wetenschappelijk	Scientific
Wolken	Nubes

Antiek
Antiques

Authentiek	Veram
Decoratief	Nullam
Eeuw	Century
Elegant	Elegans
Galerij	Gallery
Investering	Dignissim
Item	Item
Kunst	Es
Kwaliteit	Qualitas
Liefhebber	Fanaticus
Meubilair	Supellectilem
Munten	Coins
Ongewoon	Insolita
Oud	Vetus
Prijs	Pretium
Restauratie	Restitutionem
Schilderijen	Picturae
Sieraden	Jewelry
Stijl	Style
Voorwaarde	Conditio

Archeologie
Antiquitatis

Analyse	Analysis
Beschaving	Cultu
Bevindingen	Inventiones
Botten	Ossa
Deskundige	Peritus
Evaluatie	Aestimatio
Fossiel	Fossile
Fragmenten	Fragmenta
Graf	Monumentum
Mysterie	Mysterium
Nakomeling	Successio
Objecten	Obiecta
Onbekend	Ignotum
Onderzoeker	Inquisitorem
Oudheid	Antiquitatis
Professor	Professor
Relikwie	Reliquia
Team	Dolor
Tempel	Templum
Vergeten	Oblitus

Astronomie
Astronomia

Aarde	Terra
Asteroïde	Asteroidem
Astronaut	Astronaut
Astronoom	Astrologus
Equinox	Aequinoctium
Komeet	Cometa
Kosmos	Cosmos
Maan	Luna
Meteoor	Meteoron
Nevel	Nebula
Observatorium	Observatorium
Planeet	Planeta
Raket	Eruca
Satelliet	Satelles
Ster	Stella
Sterrenbeeld	Sidus
Straling	Radialis
Telescoop	Telescopium
Universum	Universi
Zwaartekracht	Gravitatis

Avontuur
Casus

Activiteit	Actio
Enthousiasme	Studium
Excursie	Peregrinandum
Gevaarlijk	Periculosum
Kans	Forte
Moed	Virtute
Moeilijkheid	Difficultas
Natuur	Natura
Navigatie	Navigationem
Nieuw	Novum
Ongewoon	Insolita
Reisplan	Itinerarium
Schoonheid	Pulchritudo
Veiligheid	Salutem
Verrassend	Mirum
Voorbereiding	Praeparatio
Vreugde	Gaudium
Vrienden	Amicis

Ballet
Talarium

Artistiek	Artis
Choreografie	Choreography
Componist	Compositor
Dansers	Saltatores
Expressief	Expressivum
Gebaar	Gestu
Intensiteit	Intensionem
Lessen	Lectiones
Muziek	Musica
Orkest	Orchestra
Praktijk	Usu
Publiek	Auditores
Repetitie	Recensendum
Ritme	Numero
Sierlijk	Decorum
Solo	Solo
Spieren	Musculi
Stijl	Style
Techniek	Ars
Vaardigheid	Arte

Barbecues
Barbecues

Diner	Prandium
Familie	Familia
Fruit	Fructus
Grill	Craticulam
Groente	Legumina
Heet	Calidum
Honger	Fames
Kinderen	Filii
Kip	Pullum
Muziek	Musica
Peper	Piper
Salades	Potenti
Saus	Condimentum
Tomaten	Tomatoes
Uien	Cepe
Voedsel	Cibum
Vorken	Tridentes
Vrienden	Amicis
Zomer	Aestate
Zout	Sal

Beeldende Kunsten
Artibus

Architectuur	Architectura
Artiest	Artifex
Creativiteit	Glossarium
Ezel	Otium
Film	Duis
Foto	Photograph
Houtskool	Carbones
Klei	Lutum
Krijt	Creta
Meesterwerk	Palmarius
Pen	Pen
Perspectief	Prospectum
Portret	Effigies
Potlood	Graphium
Samenstelling	Compositio
Schilderij	Pictura
Stencil	Stencil
Was	Cera

Beroepen #1
Professionibus #1

Advocaat	Attornatum
Ambassadeur	Legatus
Apotheker	Pharmacist
Astronoom	Astrologus
Atleet	Athleta
Bankier	Remi
Cartograaf	Cartographer
Danser	Saltator
Dierenarts	Veterinarius
Dokter	Medicus
Editor	Editor
Geoloog	Geologist
Jager	Venator
Juwelier	Jeweler
Loodgieter	Plumbarius
Muzikant	Musicus
Pianist	The
Psycholoog	Psychologist
Verpleegster	Nutrix
Wetenschapper	Scientist

Beroepen #2
Professionibus #2

Arts	Medicus
Astronaut	Astronaut
Bioloog	Biologist
Boer	Agricola
Detective	Inquisitor
Filosoof	Philosophus
Fotograaf	Pretium
Illustrator	Illustrrator
Ingenieur	Engineer
Journalist	Wisi
Leraar	Magister
Linguïst	Linguist
Onderzoeker	Inquisitorem
Piloot	Gubernator
Schilder	Pictor
Tandarts	Dentist
Tuinman	Hortulanus
Uitgever	Publisher
Uitvinder	Inventor
Zoöloog	Zoologist

Bijen
Apes

Bestuiver	Pollinator
Bijenkorf	Alveo
Bloemen	Flores
Bloesem	Florebit
Diversiteit	Diversitas
Ecosysteem	Ecosystem
Fruit	Fructus
Habitat	Habitat
Honing	Mel
Insect	Insect
Koningin	Regina
Rook	Fumus
Stuifmeel	Pollen
Tuin	Hortus
Vleugels	Alis
Voedsel	Cibum
Voordelig	Utile
Was	Cera
Zon	Sol
Zwerm	Miscentur

Bijvoeglijke Naamwoorden
Adiectiva #1

Aantrekkelijk	Nibh
Actief	Activa
Ambitieus	Ambitiosa
Aromatisch	Aromaticum
Artistiek	Artis
Belangrijk	Maximus
Diep	Altum
Donker	Tenebris
Dun	Tenuis
Eerlijk	Amct
Exotisch	Exotic
Identiek	Idem
Jong	Iuvenes
Lang	Diu
Langzaam	Tardus
Modern	Modern
Onschuldig	Innocens
Perfect	Perfectum
Waardevol	Pretiosum
Zwaar	Gravis

Bijvoeglijke Naamwoorden
Adiectiva #2

Authentiek	Veram
Begaafd	Donatus
Beschrijvend	Descriptive
Creatief	Creatrix
Dramatisch	Tragicus
Gezond	Sanus
Hongerig	Esurientes
Interessant	Commodo
Moe	Lassus
Natuurlijk	Naturalis
Nieuw	Novum
Normaal	Duis
Productief	Fructuosa
Slaperig	Somnolentus
Sterk	Fortis
Trots	Superbus
Verantwoordelijk	Amet
Wild	Fera
Zout	Salsa
Zuiver	Purus

Bloemen
Flores

Bloemblad	Petalorum
Boeket	Flos
Gardenia	Gardenia
Hibiscus	Hibisco
Jasmijn	Aenean
Klaver	Trifolium
Lavendel	Casia
Lelie	Lilium
Madeliefje	Daisy
Magnolia	Magnolia
Narcis	Narcissus
Orchidee	Orchid
Paardebloem	Taraxacum
Papaver	Papaver
Passiebloem	Passionflower
Pioenroos	Aglaophotis
Plumeria	Plumeria
Roos	Rosa
Tulp	Tulipa
Zonnebloem	Helianthus

Boeken
Books

Auteur	Auctor
Avontuur	Casus
Bladzijde	Page
Collectie	Collectio
Context	Context
Dualiteit	Dualitatem
Gedicht	Carmen
Geschreven	Scriptum
Historisch	Historica
Humoristisch	Hujusmodi
Inventief	Ingeniosus
Karakter	Moribus
Lezer	Lector
Literair	Litterarum
Poëzie	Carmina
Relevant	Pertinet
Roman	Nove
Serie	Series
Tragisch	Tragici
Verhaal	Fabula

Boerderij #1
Farm #1

Bij	Apis
Ezel	Asinus
Geit	Hircum
Hek	Sepem
Hond	Canis
Honing	Mel
Hooi	Hay
Kalf	Vitulum
Kat	Felis
Kip	Pullum
Koe	Bos
Kraai	Corvus
Kudde	Gregem
Landbouw	Agricultura
Mest	Stercorat
Paard	Equus
Rijst	Rice
Veld	Agro
Water	Aqua
Zaden	Semina

Boerderij #2
Farm #2

Boer	Agricola
Boomgaard	Orchard
Dieren	Animalia
Eend	Anatis
Fruit	Fructus
Gerst	Hordeum
Groente	Vegetabilis
Irrigatie	Irrigationes
Lam	Agnus
Lama	Llama
Maïs	Frumentum
Melk	Lac
Rijp	Matura
Schaap	Oves
Schuur	Horreum
Tarwe	Triticum
Tractor	Tractor
Voedsel	Cibum
Weide	Prati
Windmolen	Windmill

Boksen
Boxing

Elleboog	Cubitus
Focus	Focus
Handschoenen	Caestus
Herstel	Recuperatio
Hoek	Angulo
Kin	Mentum
Klok	Bell
Kracht	Fortitudo
Lichaam	Corpus
Punten	Puncta
Scheidsrechter	Referendarius
Schoppen	Calcitrare
Snel	Velox
Tegenstander	Adversarius
Touwen	Funes
Uitgeput	Lassus
Vaardigheid	Arte
Vechter	Pugnator
Verwondingen	Iniurias
Vuist	Pugno

Boten
Navibus

Anker	Anchor
Bemanning	Cantavit
Boei	Sustineo
Dok	Gregem
Golven	Fluctus
Jacht	Yacht
Kajak	Kayak
Kano	Linter
Matroos	Nauta
Meer	Lacus
Motor	Engine
Nautisch	Nauticis
Oceaan	Oceanum
Rivier	Flumen
Tij	Aestus
Touw	Funem
Veerboot	Porttitor
Vlot	Ratis
Zee	Mare
Zeilboot	Navis

Camping
Castra

Avontuur	Casus
Berg	Montem
Bomen	Arbores
Bos	Silva
Brand	Ignis
Cabine	Cameram
Dieren	Animalia
Hangmat	Hammock
Hoed	Hat
Insect	Insect
Jacht	Venatione
Kaart	Map
Kano	Linter
Kompas	Decima
Lantaarn	Cornu
Maan	Luna
Meer	Lacus
Natuur	Natura
Tent	Tabernaculum
Touw	Funem

Chemie
Chemia

Alkalisch	Alkaline
Chloor	Consequat
Elektron	Electron
Enzym	Enzyme
Gas	Vestibulum
Gewicht	Pondus
Ion	Ion
Katalysator	Catalyst
Koolstof	Carbo
Metalen	Metallis
Molecuul	Moleculo
Organisch	Organic
Reactie	Reactionem
Temperatuur	Tortor
Vloeistof	Liquid
Warmte	Calor
Waterstof	Consectetuer
Zout	Sal
Zuur	Acidum
Zuurstof	Dolor

Circus
Circo

Aap	Simia
Acrobaat	Acrobat
Ballonnen	Balloons
Dieren	Animalia
Goochelaar	Magus
Jongleur	Juggler
Kaartje	Aliquam
Kostuum	Habitu
Laat	Ostende
Leeuw	Leo
Magie	Magia
Muziek	Musica
Olifant	Elephantis
Parade	Pompam
Tent	Tabernaculum
Tijger	Tiger
Toeschouwer	Spectator
Truc	Dolum

Creativiteit
Glossarium

Artistiek	Artis
Beeld	Imago
Dramatisch	Tragicus
Emoties	Affectus
Gevoel	Sensum
Helderheid	Claritas
Indruk	Impressionem
Inspiratie	Inspiratio
Intensiteit	Intensionem
Intuïtie	Intuitum
Inventief	Ingeniosus
Spontaan	Spontanea
Uitdrukking	Expressio
Vaardigheid	Arte
Verbeelding	Imaginatio
Visioenen	Visiones
Vitaliteit	Vitale
Vloeibaarheid	Fluiditatem

Dagen en Maanden
Diebus et Mensibus

Augustus	August
Dinsdag	Martis
Donderdag	Jovis
Februari	February
Jaar	Anno
Januari	January
Juli	July
Juni	June
Kalender	Calendar
Maand	Mense
Maandag	Monday
Maart	Martii
November	November
Oktober	Aliquam
September	September
Vrijdag	Veneris
Week	Septimana
Woensdag	Wednesday
Zaterdag	Saturday
Zondag	Dominica

Dans
Chorus

Academie	Academiae
Beweging	Motus
Blij	Laeta
Choreografie	Choreography
Cultureel	Culturae
Cultuur	Cultura
Emotie	Affectus
Expressief	Expressivum
Genade	Gratia
Houding	Staturam
Klassiek	Classical
Kunst	Es
Lichaam	Corpus
Muziek	Musica
Partner	Socium
Repetitie	Recensendum
Ritme	Numero
Traditioneel	Traditum
Visueel	Visual

De Media
Media

Advertenties	Tabulae
Communicatie	Communicatio
Digitaal	Digital
Editie	Edition
Financiering	Sumptu
Foto'S	Imagines
Houding	Habitus
Individueel	Singulis
Industrie	Industria
Kranten	Ephemerides
Lokaal	Loci
Mening	Sententia
Netwerk	Network
Onderwijs	Education
Online	Online
Publiek	Publica
Radio	Radio
Tijdschriften	Divulgationis

Diplomatie
Condicionibus

Adviseur	Auctor
Ambassade	Legationem
Ambassadeur	Legatus
Burgers	Cives
Conflict	Certamen
Diplomatiek	Diplomaticae
Discussie	Disputationem
Ethiek	Ethicorum
Gemeenschap	Communitas
Gerechtigheid	Iustitia
Humanitair	Humanitarian
Integriteit	Integritate
Oplossing	Solutio
Politiek	Politica
Regering	Imperium
Resolutie	Resolutio
Samenwerking	Cooperatio
Talen	Linguis
Veiligheid	Securitatem
Verdrag	Tractatus

Ecologie
Oecologia

Bergen	Montes
Diversiteit	Diversitas
Droogte	Siccitate
Duurzaam	Nullam
Flora	Flora
Gemeenschappen	Communitates
Habitat	Habitat
Klimaat	Caeli
Marinier	Marine
Moeras	Paludem
Natuur	Natura
Natuurlijk	Naturalis
Overleving	Salutem
Planten	Plantis
Soort	Species
Variëteit	Varietate
Vegetatie	Virentia
Vrijwilligers	Voluntariis

Emoties
Affectus

Angst	Metus
Beschaamd	Onerosa
Dankbaar	Gratum
Droefheid	Tristitia
Kalm	Tranquillitas
Liefde	Amor
Ontspannen	Remissum
Opgewonden	Excitatur
Sympathie	Sympathia
Tederheid	Teneritudinem
Tevreden	Satis
Verrassing	Mirum
Verveling	Taedium
Vrede	Pacem
Vreugde	Gaudium
Vriendelijkheid	Misericordiam
Woede	Ira

Energie
Vestibulum

Accu	Pugna
Benzine	Gasoline
Brandstof	Esca
Diesel	Pellentesque
Elektrisch	Ultrices
Elektron	Electron
Entropie	Entropy
Foton	Photon
Hernieuwbaar	Renewable
Industrie	Industria
Koolstof	Carbo
Motor	Motor
Nucleair	Nuclear
Omgeving	Environment
Stoom	Vapor
Turbine	Turbine
Vervuiling	Pollutio
Warmte	Calor
Waterstof	Consectetuer
Wind	Ventus

Engineering
Lorem Ipsum

As	Axis
Berekening	Calculus
Beweging	Motus
Bouw	Constructione
Diagram	Diagram
Diameter	Diam
Diepte	Profundum
Diesel	Pellentesque
Dimensies	Dimensiones
Distributie	Distributio
Energie	Vestibulum
Hoek	Angulus
Kracht	Fortitudo
Machine	Apparatus
Meting	Aliquam
Motor	Motor
Stabiliteit	Stabilitatem
Structuur	Structura
Vloeistof	Liquid
Voortstuwing	Propellentem

Eten #1
Cibum #1

Aardbei	Fragum
Abrikoos	Persicum
Basilicum	Basilius
Citroen	Lemon
Gerst	Hordeum
Knoflook	Allium
Koffie	Capulus
Melk	Lac
Peer	Pirum
Pinda	Eros
Salade	Sem
Sap	Sucus
Soep	Elit
Spinazie	Spinach
Suiker	Sugar
Tonijn	Tuna
Ui	Cepa
Vlees	Cibum
Wortel	Daucus
Zout	Sal

Eten #2
Cibum #2

Amandel	Vigilantem
Ananas	Pineapple
Appel	Apple
Asperge	Asparagus
Aubergine	Eggplant
Broccoli	Algentem
Brood	Panem
Chocolade	Scelerisque
Druif	Uva
Ei	Ovum
Framboos	Rubus Idaeus
Ham	Ham
Kaas	Caseus
Kip	Pullum
Kiwi	Kiwi
Perzik	Persicum
Rijst	Rice
Tarwe	Triticum
Vis	Pisces
Yoghurt	Yogurt

Ethiek
Ethicorum

Altruïsme	Altruism
Diplomatiek	Diplomaticae
Eerbiedig	Reverentior
Eerlijkheid	Honestatis
Filosofie	Philosophia
Geduld	Patientia
Individualisme	Quisque
Integriteit	Integritate
Mededogen	Misericordia
Mensheid	Humanitatis
Optimisme	Spe
Realisme	Realismus
Redelijk	Rationabile
Samenwerking	Cooperatio
Tolerantie	Tolerantia
Vriendelijkheid	Misericordiam
Waarden	Bona
Waardigheid	Dignitatem
Wijsheid	Sapientia

Familie
Familia

Broer	Frater
Dochter	Filia
Grootmoeder	Avia
Jeugd	Pueritia
Kind	Puer
Kinderen	Filii
Kleinkind	Nepotem
Man	Vir
Moeder	Mater
Neef	Nepos
Nicht	Neptis
Oom	Patruus
Opa	Avus
Tante	Matertera
Tweeling	Gemini
Vader	Pater
Vaderlijk	Paterni
Voorouder	Ancestor
Vrouw	Uxor
Zus	Soror

Fruit
Fructus

Ananas	Pineapple
Appel	Apple
Avocado	Avocado
Bes	Berry
Citroen	Lemon
Druif	Uva
Framboos	Rubus Idaeus
Granaatappel	Malogranatum
Kers	Cerasus
Kiwi	Kiwi
Kokosnoot	Dolor
Mango	Mango
Meloen	Cucumis
Nectarine	Nectarine
Oranje	Rhoncus
Papaja	Papaya
Peer	Pirum
Perzik	Persicum
Pruim	Pruno
Vijg	Ficus

Gebouwen
Aedificia

Ambassade	Legationem
Appartement	Duis
Boerderij	Farm
Cabine	Cameram
Fabriek	Factory
Garage	Garage
Hotel	Hotel
Kasteel	Castrum
Laboratorium	Nulla
Museum	Museum
Observatorium	Observatorium
School	Schola
Schuur	Horreum
Stadion	Stadium
Supermarkt	Forum
Tent	Tabernaculum
Theater	Theatrum
Toren	Turris
Universiteit	University
Ziekenhuis	Hospitalis

Geografie
Geographia

Atlas	Atlas
Berg	Montem
Breedtegraad	Latitudo
Continent	Continens
Eiland	Insula
Halfrond	Hemisphaerio
Hoogte	Altitudo
Kaart	Map
Land	Patria
Lengtegraad	Longitudinis
Meridiaan	Meridianus
Noorden	North
Oceaan	Oceanum
Regio	Regione
Rivier	Flumen
Stad	Urbem
Wereld	Mundi
Westen	West
Zee	Mare
Zuiden	Meridiem

Geologie
Nederlandicae

Aardbeving	Terraemotus
Calcium	Calcium
Continent	Continens
Erosie	Exesa
Fossiel	Fossile
Geiser	Geyser
Gesmolten	Fusile
Grot	Specus
Koraal	Coral
Kristallen	Crystals
Kwarts	Quartz
Laag	Accumsan
Lava	Lava
Plateau	Plateau
Stalactiet	Stalactite
Steen	Stone
Vulkaan	Volcano
Zone	Mauris
Zout	Sal
Zuur	Acidum

Geometrie
Geometria

Berekening	Calculus
Cirkel	Circulus
Curve	Curva
Diameter	Diam
Dimensie	Ratio
Driehoek	Triangulum
Hoek	Angulus
Hoogte	Altitudo
Horizontaal	Vestibulum
Logica	Logica
Massa	Massa
Mediaan	Medianus
Oppervlak	Superficiem
Parallel	Parallela
Segment	Segmentum
Symmetrie	Praeditis
Theorie	Theoria
Vergelijking	Aequatio
Verticaal	Verticalis
Vierkant	Quadratum

Getallen
Numeri

Acht	Octo
Achttien	Decem et Octo
Dertien	Tredecim
Drie	Tres
Een	Unum
Negen	Novem
Negentien	Undeviginti
Nul	Nulla
Tien	Decem
Twaalf	Duodecim
Twee	Duo
Twintig	Viginti
Veertien	Quattuordecim
Vier	Quattuor
Vijf	Quinque
Vijftien	Quindecim
Zes	Sex
Zestien	Sedecim
Zeven	Septem
Zeventien	Septemdecim

Gezondheid en Welzijn #1
Salutem et Sanitatem #1

Actief	Activa
Apotheek	Atqui
Bacteriën	Bacteria
Behandeling	Curatio
Breuk	Fractura
Dokter	Medicus
Gewoonte	Habitus
Honger	Fames
Hoogte	Altitudo
Hormonen	Hormones
Huid	Cutis
Kliniek	Eget
Letsel	Iniuriam
Medicijn	Medicina
Ontspanning	Consequat
Reflex	Reflexum
Spieren	Musculi
Therapie	Justo
Virus	Virus
Zenuwen	Nervis

Gezondheid en Welzijn #2
Salutem et Sanitatem #2

Allergie	Urna
Anatomie	Anatomia
Bloed	Sanguinem
Calorie	Calorie
Dieet	Diet
Energie	Vestibulum
Genetica	Genetics
Gewicht	Pondus
Gezond	Sanus
Herstel	Recuperatio
Hygiëne	Hygiene
Infectie	Infectio
Kracht	Fortitudo
Lichaam	Corpus
Massage	Suspendisse
Spijsvertering	Concoctionem
Vitamine	Vitaminum
Voeding	Nutritionem
Ziekenhuis	Hospitalis
Ziekte	Morbi

Groenten
Legumina

Artisjok	Cactus
Aubergine	Eggplant
Bloemkool	Brassica
Broccoli	Algentem
Erwt	Pisum
Gember	Gingiber
Knoflook	Allium
Komkommer	Cucumis
Olijf	Olivae
Paddestoel	Fungorum
Peterselie	Petroselinum
Pompoen	Cucurbita
Raap	Rapa
Radijs	Radicula
Salade	Sem
Selderij	Apium
Sjalot	Shallot
Spinazie	Spinach
Ui	Cepa
Wortel	Daucus

Haartypes
Genera Capillos

Blond	Flavis
Bruin	Brown
Dik	Crassus
Droog	Siccum
Dun	Tenuis
Gekleurd	Coloratum
Gevlochten	Tortis
Gezond	Sanus
Glad	Lenis
Glimmend	Crus
Grijs	Gray
Kaal	Calvus
Kort	Denique
Krullen	Cincinnis
Krullend	Crispus
Lang	Diu
Wit	Albus
Zacht	Mollis
Zilver	Argentum
Zwart	Nigrum

Herbalisme
Herbalism

Aromatisch	Aromaticum
Basilicum	Basilius
Bloem	Flos
Culinair	Culinary
Dille	Anethum
Dragon	Tarragon
Groen	Viridis
Ingrediënt	Ingrediens
Knoflook	Allium
Kwaliteit	Qualitas
Lavendel	Casia
Marjolein	Origani
Oregano	Origanum
Peterselie	Petroselinum
Rozemarijn	Rosmarinus
Saffraan	Crocus
Smaak	Saporem
Tijm	Thymum
Tuin	Hortus
Venkel	Faeniculi

Huis
Domus

Bezem	Genistae
Bibliotheek	Library
Dak	Tectum
Deur	Ostium
Douche	Imber
Garage	Garage
Haard	Foco
Hek	Sepem
Kamer	Locus
Kelder	Fundamentum
Keuken	Vestibulum
Lamp	Lucerna
Meubilair	Supellectilem
Muur	Murum
Plafond	Laquearia
Schoorsteen	Camino
Slaapkamer	Cubiculum
Spiegel	Speculum
Tuin	Hortus
Zolder	Attica

Installaties
Plantis

Bamboe	Bamboo
Bes	Berry
Blad	Folium
Bloem	Flos
Bloesem	Florebit
Boom	Arbor
Boon	Bean
Bos	Silva
Cactus	Cactus
Flora	Flora
Gebladerte	Fronde
Gras	Herba
Klimop	Hedera
Mest	Stercorat
Mos	Muscus
Plantkunde	Botanicam
Struik	Bush
Tuin	Hortus
Vegetatie	Virentia
Wortel	Radix

Jazz
Jazz

Album	Album
Artiest	Artifex
Beroemd	Nobilis
Componist	Compositor
Concert	Concert
Favorieten	Favorites
Genre	Genus
Improvisatie	Improvisation
Lied	Canticum
Musici	Musicorum
Muziek	Musica
Nieuw	Novum
Orkest	Orchestra
Oud	Vetus
Ritme	Numero
Samenstelling	Compositio
Solo	Solo
Stijl	Style
Talent	Talentum
Techniek	Ars

Kleding
Vestimenta

Armband	Armillam
Blouse	Blouse
Broek	Braccae
Handschoenen	Caestus
Hoed	Hat
Jas	Coat
Jasje	Jacket
Jurk	Habitu
Ketting	Monile
Mode	More
Pyjama	Pajamas
Riem	Cingulum
Rok	Lacinia
Sandalen	Sandalia
Schoen	Nulla Nec
Shirt	Shirt
Sieraden	Jewelry
Sjaal	Chlamydem
Sokken	Tibialia
Trui	Sweater

Koffie
Capulus

Beker	Calicem
Bitter	Amara
Cafeïne	Julius
Filter	Sparguntur
Geroosterd	Assum
Malen	Tere
Melk	Lac
Ochtend	Mane
Oorsprong	Origo
Prijs	Pretium
Room	Cremor
Smaak	Saporem
Suiker	Sugar
Variëteit	Varietate
Vloeistof	Liquid
Water	Aqua
Zwart	Nigrum

Kracht en Zwaartekracht
Vim et Gravitatem

Afstand	Procul
As	Axis
Baan	Orbita
Beweging	Motus
Centrum	Centrum
Druk	Curabitur
Dynamisch	Suscipit
Eigendommen	Proprietates
Gewicht	Pondus
Impact	Ictum
Magnetisme	Magnetismi
Mechanica	Mechanica
Natuurkunde	Physica
Omvang	Magnitudo
Ontdekking	Inventio
Planeten	Planetarum
Snelheid	Celeritate
Tijd	Tempus
Uitbreiding	Dilatatio
Universeel	Universalis

Kunst
Es

Complex	Complexu
Eerlijk	Amet
Figuur	Figura
Geïnspireerd	Inspirati
Humeur	Mood
Keramisch	Tellus
Onderwerp	Subiectum
Origineel	Original
Persoonlijk	Alio
Poëzie	Carmina
Portretteren	Pertrahe
Samenstelling	Compositio
Schilderijen	Picturae
Surrealisme	Surrealism
Symbool	Signum
Uitdrukking	Expressio
Visueel	Visual

Kunstbenodigdheden
Artis Commeatibus

Acryl	Donec
Aquarellen	Watercolors
Borstels	Perterget
Camera	Camera
Creativiteit	Glossarium
Ezel	Otium
Gom	Deleo
Houtskool	Carbones
Inkt	Atramentum
Klei	Lutum
Kleuren	Colores
Lijm	Gluten
Olie	Oleum
Papier	Charta
Potloden	Penicilli
Stoel	Cathedra
Tafel	Mensam
Water	Aqua

Landen #1
Regionibus #1

België	Belgium
Brazilië	Brazil
Cambodja	Cambodia
Canada	Canada
Chili	Chilia
Duitsland	Germania
Egypte	Aegypto
Irak	Iraq
Israël	Israhel
Italië	Italia
Letland	Latvia
Libië	Libya
Marokko	Mauritania
Nicaragua	Nicaragua
Noorwegen	Norway
Panama	Panama
Polen	Polonia
Roemenië	Romania
Senegal	Senegalia
Spanje	Hispania

Landen #2
Regionibus #2

Denemarken	Daniae
Ethiopië	Aethiopia
Frankrijk	Gallia
Griekenland	Graecia
Ierland	Hibernia
Indonesië	Indonesia
Japan	Japan
Kenia	Kenya
Laos	Laos
Libanon	Libanus
Liberia	Liberia
Maleisië	Elit
Mexico	Mexico
Nepal	Nepal
Nigeria	Nigeria
Oeganda	Uganda
Oekraïne	Ucraina
Rusland	Russia
Somalië	Somalia
Syrië	Syria

Landschappen
Donec

Berg	Montem
Eiland	Insula
Geiser	Geyser
Gletsjer	Glacier
Grot	Cave
Heuvel	Hill
IJsberg	Iceberg
Meer	Lacus
Moeras	Palus
Oase	Oasis
Oceaan	Oceanum
Rivier	Flumen
Schiereiland	Peninsula
Strand	Beach
Toendra	Tundra
Vallei	Convallis
Vulkaan	Volcano
Waterval	Cataracta
Woestijn	Deserto
Zee	Mare

Literatuur
Litteris

Analogie	Similitudo
Analyse	Analysis
Anekdote	Fabella
Auteur	Auctor
Biografie	Vita
Conclusie	Conclusio
Dialoog	Dialogus
Fictie	Ficta
Gedicht	Carmen
Mening	Sententia
Metafoor	Metaphora
Omschrijving	Description
Poëtisch	Poetica
Rijm	Concordare
Ritme	Numero
Roman	Nove
Stijl	Style
Thema	Argumentum
Tragedie	Tragoedia
Vergelijking	Comparatione

Meditatie
Meditatio

Aandacht	Operam
Aanvaarding	Acceptio
Ademhaling	Spirans
Beweging	Motus
Dankbaarheid	Gratia
Emoties	Affectus
Gedachten	Cogitationes
Geluk	Felicitas
Helderheid	Claritas
Houding	Staturam
Kalm	Tranquillitas
Mededogen	Misericordia
Mentaal	Mentis
Muziek	Musica
Natuur	Natura
Observatie	Observatione
Perspectief	Prospectum
Stilte	Silentium
Vrede	Pacem
Vriendelijkheid	Misericordiam

Meer Informatie
Scientia Ficta

Atoom	Atomicus
Brand	Ignis
Chemicaliën	Chemicals
Denkbeeldig	Imaginaria
Dystopie	Dystopia
Explosie	Crepitus
Extreem	Extrema
Fantastisch	Suspendisse
Futuristisch	Futuristic
Illusie	Illusio
Mysterieus	Arcanum
Orakel	Oraculum
Planeet	Planeta
Romans	Conscripserit
Sterrenstelsel	Galaxia
Technologie	Nulla
Utopie	Utopia
Ver	Distant
Wereld	Mundi

Menselijk Lichaam
Corpus Humanum

Been	Crus
Bloed	Sanguinem
Elleboog	Cubitus
Enkel	Tarso
Hand	Manu
Hart	Cor
Hersenen	Cerebrum
Hoofd	Caput
Huid	Cutis
Kaak	Maxilla
Kin	Mentum
Knie	Genu
Maag	Stomachum
Mond	Ore
Nek	Collum
Neus	Naribus
Oor	Auris
Schouder	Humerum
Tong	Lingua
Vinger	Digitus

Metingen
Mensurae

Breedte	Latitudo
Byte	Byte
Centimeter	Centimeter
Decimaal	Decimales
Diepte	Profundum
Gewicht	Pondus
Graad	Gradus
Gram	Gram
Hoogte	Altitudo
Inch	Inch
Kilogram	Kilogram
Kilometer	Kilometer
Lengte	Longitudo
Liter	Liter
Massa	Massa
Meter	Metri
Minuut	Minutis
Ons	Unciam
Pint	Sextarium
Ton	Ton

Mode
More

Afmetingen	Mensurae
Bescheiden	Modestus
Betaalbaar	Amet
Borduurwerk	Polymitario
Comfortabel	Dolore
Duur	Carus
Elegant	Elegans
Minimalistisch	Minimalist
Modern	Modern
Origineel	Original
Patroon	Exemplar
Praktisch	Practica
Stijl	Style
Stof	Fabricae
Textuur	Proin
Trend	Flecte
Winkel	Boutique

Muziek
Musica

Album	Album
Ballade	Naenia
Harmonie	Concordia
Harmonisch	Harmonia
Improviseren	Vestibulum
Instrument	Instrumentum
Klassiek	Classical
Koor	Chorus
Lyrisch	Lyrical
Melodie	Cantate
Microfoon	Ligula
Muzikaal	Musicum
Muzikant	Musicus
Opera	Opera
Opname	Recording
Poëtisch	Poetica
Ritme	Numero
Ritmisch	Numerosa
Vocaal	Vocalis
Zanger	Cantor

Muziekinstrumenten
Organis

Banjo	Banjo
Cello	Cello
Fagot	Bassoon
Fluit	Tibia
Gitaar	Cithara
Gong	Gong
Hobo	Sonata
Klarinet	Tibiae
Klokkenspel	Pleni
Mandoline	Mandolin
Mondharmonica	Harmonica
Percussie	Percussus
Piano	Piano
Saxofoon	Saxophone
Tamboerijn	Tympanum
Trombone	Trombone
Trompet	Tuba
Viool	Vitae

Mythologie
Fabularis

Archetype	Archetypum
Bliksem	Fulgur
Cultuur	Cultura
Donder	Tonitrua
Doolhof	Labyrinthus
Gedrag	Moribus
Held	Heros
Hemel	Caelum
Jaloezie	Zelus
Kracht	Fortitudo
Krijger	Bellator
Legende	Legend
Magisch	Magicalis
Monster	Monstrum
Overtuigingen	Opiniones
Ramp	Cladis
Sterfelijk	Mortale
Triomfantelijk	Triumphantes
Wezen	Creatura
Wraak	Vindictam

Natuur
Natura

Arctisch	Arctic
Bergen	Montes
Bijen	Apes
Bos	Silva
Dieren	Animalia
Dynamisch	Suscipit
Erosie	Exesa
Gebladerte	Fronde
Gletsjer	Glacier
Heiligdom	Sanctuarium
Klippen	Rupes
Mist	Caligo
Rivier	Flumen
Schoonheid	Pulchritudo
Sereen	Serena
Tropisch	Tropical
Vitaal	Vitalis
Wild	Fera
Woestijn	Deserto
Wolken	Nubes

Natuurkunde
Physica

Atoom	Atom
Chaos	Chaos
Chemisch	Eget
Deeltje	Particula
Dichtheid	Densitas
Elektron	Electron
Experiment	Experimentum
Formule	Formula
Frequentie	Frequency
Gas	Vestibulum
Magnetisme	Magnetismi
Massa	Massa
Mechanica	Mechanica
Molecuul	Moleculo
Motor	Engine
Relativiteit	Comparatione
Snelheid	Velocitas
Universeel	Universalis
Versnelling	Acceleratio
Zwaartekracht	Gravitatis

Oceaan
Oceanum

Aal	Anguilla
Boot	Navi
Dolfijn	Delphini
Garnaal	Squilla
Getijden	Aestus
Golven	Fluctus
Haai	Shark
Koraal	Coral
Krab	Cancer
Kwal	Jellyfish
Octopus	Polypus
Oester	Ostrea
Rif	Reef
Schildpad	Turtur
Spons	Spongia
Storm	Tempestas
Tonijn	Tuna
Vis	Pisces
Walvis	Balena
Zout	Sal

Overheid
Imperium

Burgerschap	Ciuitatem
Civiel	Civilis
Democratie	Democratia
Discussie	Disputationem
Gelijkheid	Aequalitas
Gerechtelijk	Iudicialis
Gerechtigheid	Iustitia
Grondwet	Constitutio
Leider	Dux
Monument	Monumentum
Natie	Gens
Politiek	Politica
Rechten	Iura
Rustig	Pacis
Staat	Status
Symbool	Signum
Toespraak	Oratio
Vrijheid	Libertatem
Wet	Lex
Wijk	Nullam

Psychologie
Duis

Afspraak	Appointment
Beoordeling	Taxationem
Bewusteloos	Conscientiam
Cognitie	Cognitio
Conflict	Certamen
Dromen	Somnia
Ego	Ego
Emoties	Affectus
Ervaringen	Experitur
Gedachten	Cogitationes
Gedrag	Moribus
Gevoel	Sensum
Herinneringen	Memoria
Jeugd	Pueritia
Klinisch	Fusce
Onderbewust	Subconscious
Perceptie	Perceptio
Probleem	Quaestio
Realiteit	Re
Therapie	Justo

Regenwoud
Rainforest

Amfibieën	Amphibia
Botanisch	Botanica
Diversiteit	Diversitas
Gemeenschap	Communitas
Insecten	Insecta
Jungle	Truncatis
Klimaat	Caeli
Mos	Muscus
Natuur	Natura
Overleving	Salutem
Respect	Quantum
Restauratie	Restitutionem
Soort	Species
Toevlucht	Refugium
Vogels	Aves
Waardevol	Pretiosum
Wolken	Nubes
Zoogdieren	Nullam

Rijden
Pulsis

Auto	Car
Brandstof	Esca
Garage	Garage
Gas	Vestibulum
Gevaar	Periculum
Kaart	Map
Licentie	Licentia
Motor	Motor
Motorfiets	Motorcycle
Ongeluk	Accidens
Politie	At
Remmen	Dumeta
Snelheid	Celeritate
Straat	Platea
Tunnel	Cuniculum
Veiligheid	Salutem
Verkeer	Aenean
Voetganger	Pedestrem
Vrachtauto	Dolor
Weg	Via

Schaken
Latrunculorum

Diagonaal	Diameter
Kampioen	Fortissimus
Koning	Rex
Koningin	Regina
Leren	Discere
Offer	Sacrificium
Passief	Passiva
Punten	Puncta
Reglement	Praecepta
Spel	Ludum
Speler	Ludio Ludius
Strategie	Consilio
Tegenstander	Adversarius
Tijd	Tempus
Toernooi	Torneamentum
Wedstrijd	Certamen
Wit	Albus
Zwart	Nigrum

Schoonheid
Pulchritudo

Charme	Leporem
Cosmetica	Stibio
Diensten	Officia
Elegant	Elegans
Elegantie	Elegantia
Fotogeniek	Amet
Genade	Gratia
Geur	Odor
Glad	Lenis
Huid	Cutis
Kleur	Color
Krullen	Cincinnis
Lippenstift	Lipstick
Mascara	Convallis
Schaar	Axicia
Shampoo	Shampoo
Spiegel	Speculum
Stilist	Stylist

Specerijen
Aromata

Anijs	Anethum
Bitter	Amara
Chili	Purus
Drop	Liquiritiae
Gember	Gingiber
Kardemom	Amomum
Kerrie	Curry
Knoflook	Allium
Koriander	Coriandri
Nootmuskaat	Nutmeg
Paprika	Paprika
Peper	Piper
Saffraan	Crocus
Smaak	Saporem
Ui	Cepa
Vanille	Vanilla
Venkel	Faeniculi
Zoet	Dulcis
Zout	Sal
Zuur	Acidum

Stad
Oppidum

Apotheek	Atqui
Bakkerij	Pistrinum
Bank	Ripam
Bibliotheek	Library
Bloemist	Florist
Boekhandel	Bookstore
Dierentuin	Exo
Galerij	Gallery
Hotel	Hotel
Kliniek	Eget
Luchthaven	Elit
Museum	Museum
Restaurant	Amet
School	Schola
Stadion	Stadium
Supermarkt	Forum
Theater	Theatrum
Universiteit	University
Winkel	Store

Tijd
Tempus

Dag	Die
Decennium	Decennium
Eeuw	Century
Gisteren	Heri
Jaar	Anno
Jaarlijks	Annua
Kalender	Calendar
Klok	Horologium
Maand	Mense
Middag	Meridies
Minuut	Minutis
Morgen	Cras
Na	Post
Nacht	Nocte
Nu	Nunc
Ochtend	Mane
Toekomst	Futurum
Uur	Hora
Vandaag	Hodie
Week	Septimana

Tuin
Hortus

Bank	Banco
Bloem	Flos
Bodem	Solo
Boom	Arbor
Boomgaard	Orchard
Garage	Garage
Gras	Herba
Hangmat	Hammock
Hark	Sarculum
Hek	Sepem
Onkruid	Zizania
Rotsen	Saxa
Schop	Rutrum
Slang	Hose
Struik	Bush
Terras	Xystum
Trampoline	Trampoline
Tuin	Hortus
Vijver	Eget
Wijnstok	Vitis

Tuinieren
Gardening

Blad	Folium
Bloemen	Floralibus
Bloesem	Florebit
Bodem	Solo
Boeket	Flos
Boomgaard	Orchard
Botanisch	Botanica
Compost	Stercus
Container	Continens
Eetbaar	Edulis
Exotisch	Exotic
Gebladerte	Fronde
Klimaat	Caeli
Seizoensgebonden	Adipiscing
Slang	Hose
Soort	Species
Vocht	Umor
Vuil	Luto
Water	Aqua
Zaden	Semina

Universum
Universi

Asteroïde	Asteroidem
Astronomie	Astronomia
Astronoom	Astrologus
Atmosfeer	Aeris
Baan	Orbita
Breedtegraad	Latitudo
Dierenriem	Zodiac
Duisternis	Tenebrae
Halfrond	Hemisphaerio
Hemel	Caelum
Horizon	Horizon
Kosmisch	Cosmicam
Lengtegraad	Longitudinis
Maan	Luna
Sterrenstelsel	Galaxia
Telescoop	Telescopium
Zichtbaar	Apparet
Zonne	Solaris
Zonnewende	Aequinoctium

Vakantie #2
Vacation #2

Bergen	Montes
Buitenlander	Peregrinus
Buitenlands	Aliena
Eiland	Insula
Hotel	Hotel
Kaart	Map
Kamperen	Castra
Luchthaven	Elit
Paspoort	Singraphus
Reis	Iter
Restaurant	Amet
Strand	Beach
Taxi	Taxi
Tent	Tabernaculum
Trein	Comitatu
Vakantie	Ferias
Vervoer	Nulla
Visum	Visa
Vrije Tijd	Otium
Zee	Mare

Vissen
Piscandi

Aas	Esca
Apparatuur	Apparatu
Boot	Navi
Draad	Filum
Geduld	Patientia
Gewicht	Pondus
Haak	Hamo
Kaak	Maxilla
Kieuwen	Branchias
Kok	Coques
Mand	Canistrum
Meer	Lacus
Oceaan	Oceanum
Overdrijving	Augendo
Rivier	Flumen
Seizoen	Temporum
Strand	Beach
Water	Aqua

Vliegtuigen
Airplanes

Afdaling	Descensus
Atmosfeer	Aeris
Avontuur	Casus
Ballon	Balloon
Bemanning	Cantavit
Bouw	Constructione
Brandstof	Esca
Geschiedenis	Historia
Hemel	Caelum
Hoogte	Altitudo
Landen	Portum
Lucht	Aer
Motor	Engine
Navigeren	Navigare
Ontwerp	Consilium
Passagier	Transeunte
Piloot	Gubernator
Richting	Versus
Turbulentie	Ferociam
Waterstof	Consectetuer

Voeding
Nutritionem

Bitter	Amara
Calorieën	Adipiscing
Dieet	Diet
Eetbaar	Edulis
Eetlust	Appetitus
Eiwitten	Servo
Evenwichtig	Libratum
Fermentatie	Fermentum
Gewicht	Pondus
Gezond	Sanus
Gezondheid	Salutem
Koolhydraten	Carbohydrates
Kwaliteit	Qualitas
Saus	Condimentum
Smaak	Saporem
Spijsvertering	Concoctionem
Toxine	Toxin
Vitamine	Vitaminum
Vloeistoffen	Liquores
Voedingsstof	Cibus

Voertuigen
Vehicula

Ambulance	Ambulance
Auto	Car
Banden	Tires
Boot	Navi
Caravan	Comitatum
Helikopter	Helicopter
Metro	Subway
Motor	Motor
Onderzeeër	Submarine
Raket	Eruca
Scooter	Scooter
Taxi	Taxi
Tractor	Tractor
Trein	Comitatu
Veerboot	Porttitor
Vliegtuig	Vivamus
Vlot	Ratis
Vrachtauto	Dolor

Vogels
Aves

Duif	Columbam
Eend	Anatis
Ei	Ovum
Flamingo	Flamingo
Gans	Anserem
Havik	Accipiter
Kip	Pullum
Koekoek	Cuckoo
Kraai	Corvus
Meeuw	Gull
Mus	Passer
Ooievaar	Ciconia
Papegaai	Psittacus
Pauw	Pavo
Pelikaan	Pelican
Reiger	Heron
Struisvogel	Struthionem
Toekan	Toucan
Uil	Noctua
Zwaan	Swan

Vormen
Figuris

Bol	Sphaera
Boog	Arc
Cilinder	Cylindro
Cirkel	Circulus
Curve	Curva
Driehoek	Triangulum
Hoek	Angulo
Kant	Parte
Kegel	Coni
Kubus	Cubus
Lijn	Linea
Ovaal	Ellipsi
Piramide	Pyramidis
Prisma	Prisma
Randen	Oras
Rechthoek	Rectangulum
Ronde	Circum
Veelhoek	Polygonum
Vierkant	Quadratum

Wandelen
Hiking

Berg	Montem
Dieren	Animalia
Gidsen	Duces
Kaart	Map
Kamperen	Castra
Klimaat	Caeli
Laarzen	Tabernus
Moe	Lassus
Natuur	Natura
Oriëntatie	Orientation
Parken	Parcis
Stenen	Lapides
Top	Culmen
Voorbereiding	Praeparatio
Water	Aqua
Weer	Tempestas
Wild	Fera
Zon	Sol
Zwaar	Gravis

Water
Aqua

Douche	Imber
Geiser	Geyser
Golven	Fluctus
Ijs	Ice
Irrigatie	Irrigationes
Kanaal	Canalis
Meer	Lacus
Moesson	Etesia
Oceaan	Oceanum
Orkaan	Procellae
Overstroming	Diluvium
Regen	Pluvia
Rivier	Flumen
Sneeuw	Nix
Stoom	Vapor
Verdamping	Evaporatio
Vocht	Umor
Vochtig	Humido
Vochtigheid	Humiditas
Vorst	Gelu

Weersomstandigheden
Tempestas

Atmosfeer	Aeris
Bliksem	Fulgur
Donder	Tonitrua
Droogte	Siccitate
Hemel	Caelum
Ijs	Ice
Klimaat	Caeli
Mist	Caligo
Moesson	Etesia
Orkaan	Procellae
Overstroming	Diluvium
Polair	Polar
Regenboog	Mauris
Storm	Tempestas
Temperatuur	Tortor
Tornado	Turbo
Tropisch	Tropical
Vochtig	Humidum
Wind	Ventus
Wolk	Nubes

Wetenschap
Scientia

Atoom	Atom
Chemisch	Eget
Deeltjes	Particulis
Evolutie	Praegressus
Experiment	Experimentum
Feit	Eo
Fossiel	Fossile
Gegevens	Data
Hypothese	Rum
Klimaat	Caeli
Laboratorium	Nulla
Methode	Modus
Mineralen	Mineralibus
Moleculen	Moleculis
Natuur	Natura
Natuurkunde	Physica
Observatie	Observatione
Planten	Plantis
Wetenschapper	Scientist
Zwaartekracht	Gravitatis

Wetenschappelijke Discip
Scientifica Disciplinis

Anatomie	Anatomia
Archeologie	Antiquitatis
Astronomie	Astronomia
Biochemie	Biochemistry
Biologie	Biology
Chemie	Chemia
Ecologie	Oecologia
Fysiologie	Physiology
Geologie	Nederlandicae
Immunologie	Immunology
Mechanica	Mechanica
Meteorologie	Meteorology
Mineralogie	Mineralogy
Neurologie	Neurology
Plantkunde	Botanicam
Psychologie	Duis
Robotica	Robotics
Sociologie	Sociologiae
Voeding	Nutritionem
Zoölogie	Zoologicam

Wiskunde
Math

Bol	Sphaera
Decimaal	Decimales
Diameter	Diam
Divisie	Divisio
Driehoek	Triangulum
Exponent	Exponent
Fractie	Fractio
Geometrie	Geometria
Graden	Gradus
Hoeken	Anguli
Omtrek	Perimeter
Parallel	Parallela
Rechthoek	Rectangulum
Rekenkundig	Arithmetica
Som	Summa
Straal	Radius
Symmetrie	Praeditis
Veelhoek	Polygonum
Vergelijking	Aequatio
Vierkant	Quadratum

Zakelijk
Negotium

Bedrijf	Dolor
Begroting	Budget
Belastingen	Tributa
Carrière	Curriculo
Economie	Parcus
Fabriek	Factory
Financiën	Finance
Geld	Pecunia
Inkomen	Reditus
Investering	Dignissim
Kantoor	Officium
Korting	Discount
Kosten	Sumptus
Transactie	Adhibe
Valuta	Monetæ
Verkoop	Sale
Werkgever	Dico:
Werknemer	Molestie
Winkel	Tabernam
Winst	Lucrum

Zoogdieren
Nullam

Aap	Simia
Bever	Castor
Coyote	Coyote
Dolfijn	Delphini
Ezel	Asinus
Geit	Hircum
Giraf	Panthera
Gorilla	Orci
Hond	Canis
Kameel	Camelus
Kangoeroe	Macropus
Kat	Felis
Konijn	Lepus
Leeuw	Leo
Olifant	Elephantis
Paard	Equus
Stier	Taurus
Vos	Vulpes
Walvis	Balena
Wolf	Lupus

Gefeliciteerd

Je hebt het gehaald!

We hopen dat u net zoveel plezier beleeft aan dit boek als wij aan het maken ervan. We doen ons best om spellen van hoge kwaliteit te maken.
Deze puzzels zijn op een slimme manier ontworpen zodat je actief kunt leren terwijl je plezier hebt!

Vond je ze mooi?

Een Eenvoudig Verzoek

Onze boeken bestaan dankzij de recensies die zij publiceren. Kunt u ons helpen door nu een mening achter te laten ?

Hier is een korte link die u naar uw bestellingen beoordelingspagina.

BestBooksActivity.com/Recensie50

FINAAL UITDAGING!

Uitdaging nr. 1

Klaar voor uw bonusspel? We gebruiken ze de hele tijd, maar ze zijn niet zo gemakkelijk te vinden. Hier zijn **Synoniemen!**

Noteer 5 woorden die je ontdekt hebt in elk van de onderstaande puzzels (nr. 21, nr. 36, nr. 76) en probeer voor elk woord 2 synoniemen te vinden.

Notitie 5 Woorden uit *Puzzle 21*

Woorden	Synoniem 1	Synoniem 2

Notitie 5 Woorden uit *Puzzle 36*

Woorden	Synoniem 1	Synoniem 2

Notitie 5 Woorden uit *Puzzle 76*

Woorden	Synoniem 1	Synoniem 2

Uitdaging nr. 2

Nu je opgewarmd bent, noteer 5 woorden die je ontdekt hebt in elke hieronder genoteerde puzzel (nr. 9, nr. 17, nr. 25) en probeer voor elk woord 2 antoniemen te vinden. Hoeveel regels kan je doen in 20 minuten?

Notitie 5 Woorden uit *Puzzle 9*

Woorden	Antoniem 1	Antoniem 2

Notitie 5 Woorden uit *Puzzle 17*

Woorden	Antoniem 1	Antoniem 2

Notitie 5 Woorden uit *Puzzle 25*

Woorden	Antoniem 1	Antoniem 2

Uitdaging nr. 3

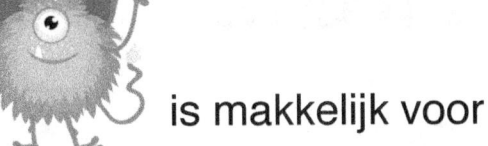

Prachtig, deze finaal uitdaging is makkelijk voor jou!

Klaar voor de laatste? Kies je 10 favoriete woorden die je in een van de puzzels hebt ontdekt en noteer ze hieronder.

1.	6.
2.	7.
3.	8.
4.	9.
5.	10.

De uitdaging is nu om met deze woorden en binnen een maximum van zes zinnen een tekst te schrijven over een persoon, dier of plaats waar je van houdt!

Tip: U kunt de laatste blanco pagina van dit boek als kladblaadje gebruiken!

Je schrijven:

NOTITIEBOEKJE:

TOT SNEL!

Linguas Classics

GENIET VAN GRATIS SPELLEN

GO

↓

BESTACTIVITYBOOKS.COM/FREEGAMES

www.ingramcontent.com/pod-product-compliance
Lightning Source LLC
Chambersburg PA
CBHW082058120626
46553CB00011B/3457